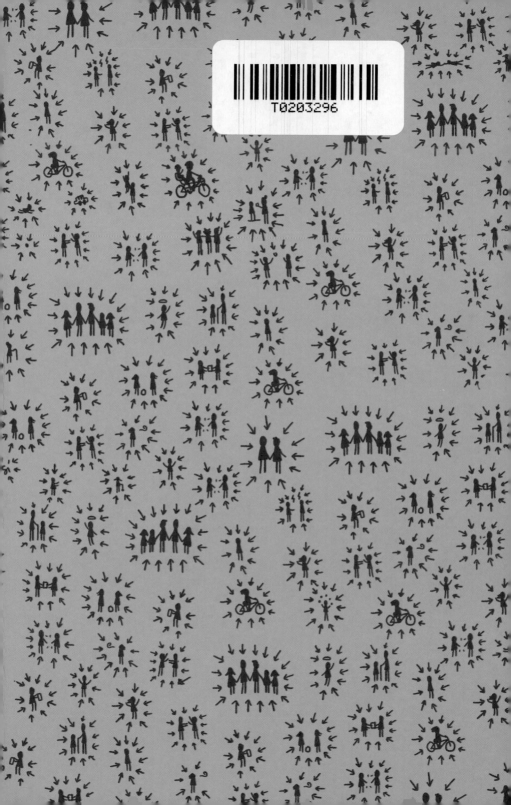

T0203296

LAS COSAS QUE IMPORTAN

72kilos

PLAN B

Papel certificado por el Forest Stewardship Council®

MIXTO
Papel procedente de
fuentes responsables
FSC® C117695

Penguin
Random House
Grupo Editorial

Primera edición: noviembre de 2020
Tercera reimpresión: abril de 2021

© 2020, 72kilos
© 2020, Penguin Random House Grupo Editorial, S.A.U.
Travessera de Gràcia, 47-49. 08021 Barcelona

Printed in Spain – Impreso en España

ISBN: 978-84-17809-71-3
Depósito legal: B-11.601-2020

Compuesto en M. I. Maquetación, S. L.

Impreso en Gómez Aparicio
Casarrubuelos (Madrid)

PB 09713

A ELENA Y VIRGINIA,
LAS MADRES DE
MI MUJER Y MI PADRE.

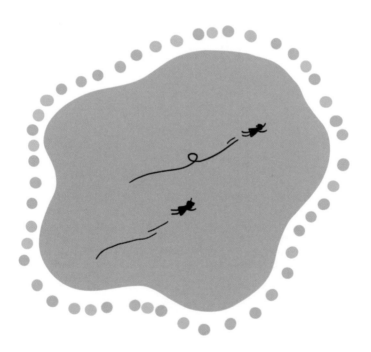

¿QUÉ ES ESTA FLECHA?
SIGNIFICA QUE LE IMPORTAMOS A ALGUIEN. EN ESTE LIBRO LO EXPLICAN BIEN.

Las cosas de las que hablo en este libro no son cosas.
Casi siempre son personas, momentos o lugares.

Estoy seguro de que a medida que vayas leyéndolas recordarás las cosas que te importan a ti.

Los meses que he pasado trabajando en estas páginas me han servido para acercarme a ese universo que no queremos perder nunca.

No malgastemos el tiempo con las cosas que no aparecen en este libro.

VIVIR

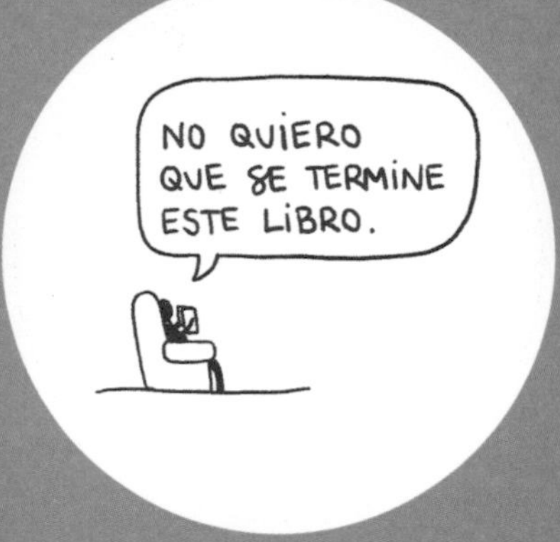
NO QUIERO QUE SE TERMINE ESTE LIBRO.

BAILAR

No quiero hacer otra cosa que bailar.

Bailar me da la vida.

Bailar como bailo yo debería estar prohibido, porque no es bueno para los sentidos, pero a mí me da la vida.

Bailo en la ducha, en el desayuno, en el metro, en la oficina, en el supermercado y en el dentista.

Bailo mientras yo me pongo una música en mi cabeza. Y me mantiene en contacto con la vida. Bailo comprándome zapatos, bailo mientras navego por internet y bailo mientras te ríes de mí.

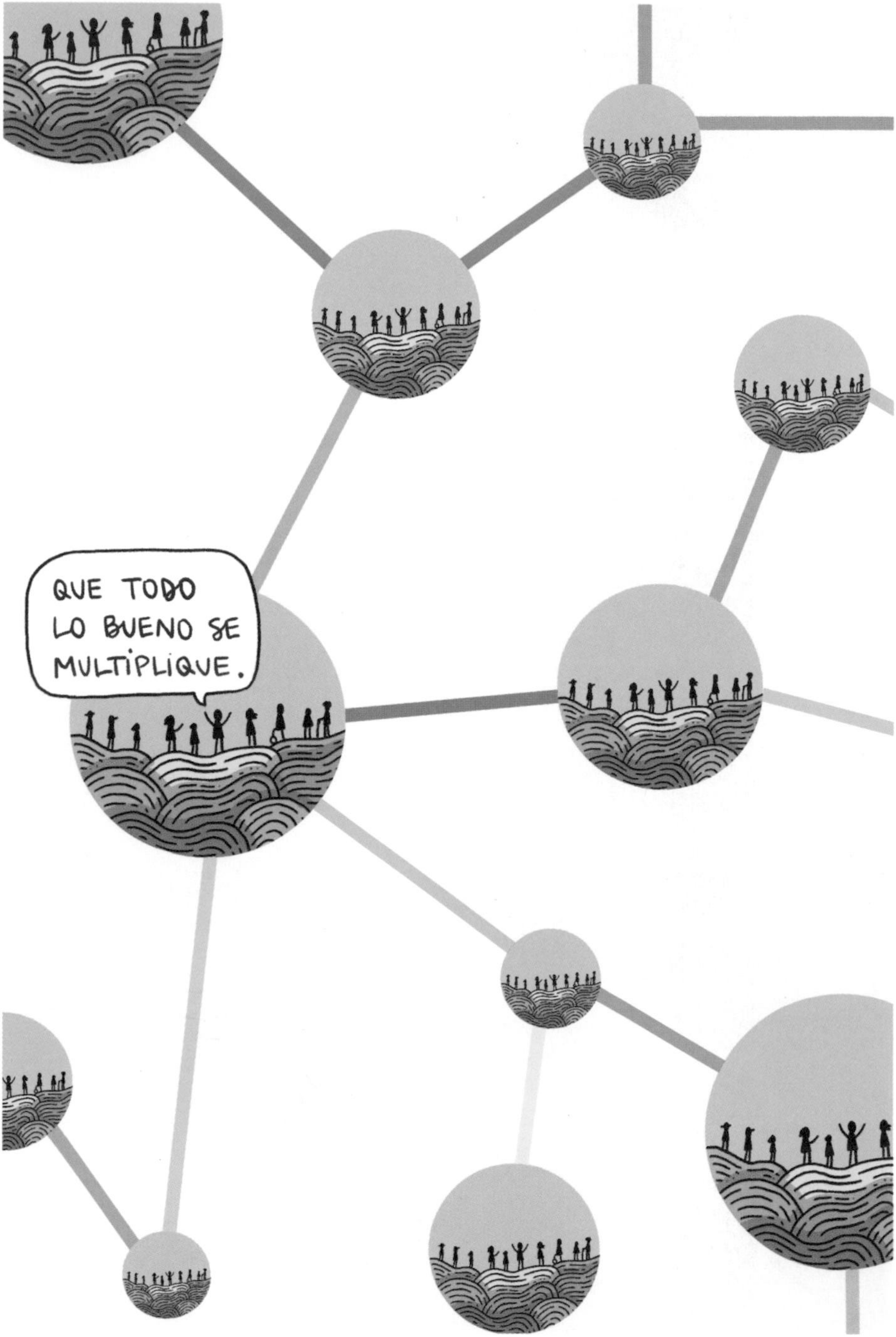
QUE TODO LO BUENO SE MULTIPLIQUE.

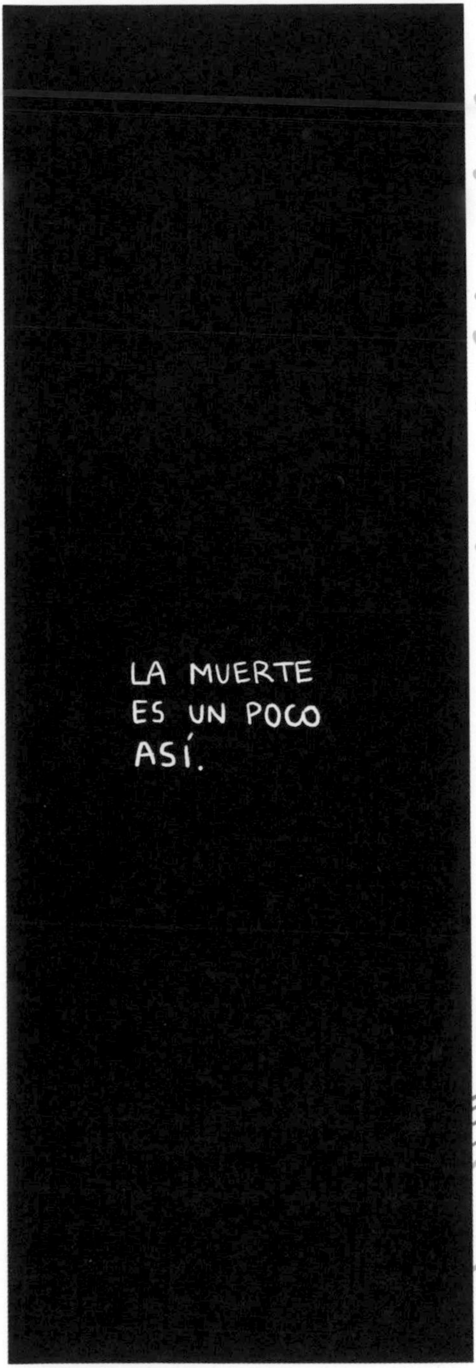
LA MUERTE
ES UN POCO
ASÍ.

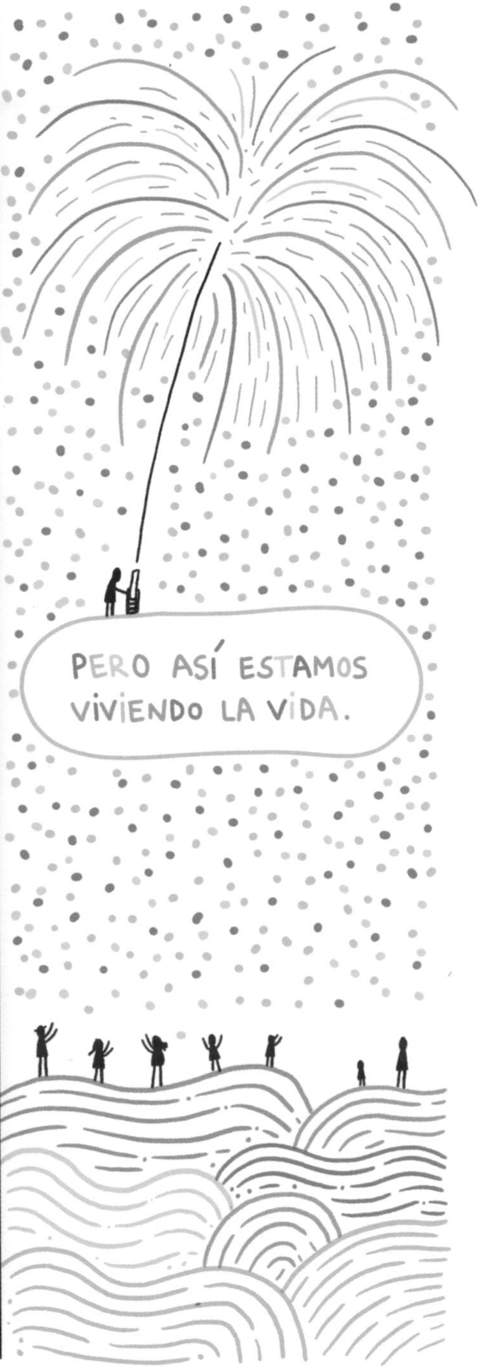
PERO ASÍ ESTAMOS
VIVIENDO LA VIDA.

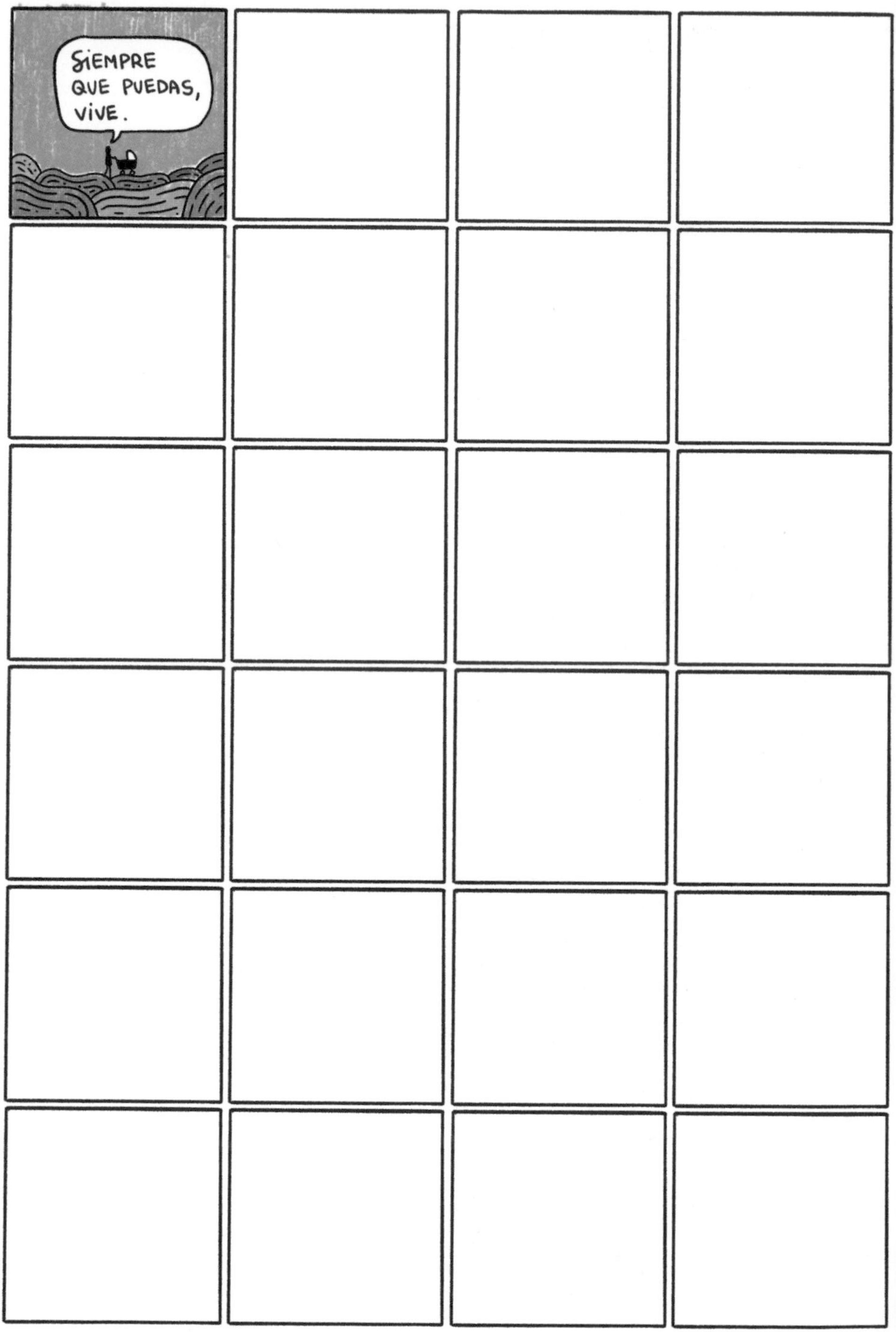
SIEMPRE QUE PUEDAS, VIVE.

MI DÍA PERFECTO

Una vez al año escribo qué me gustaría hacer en lo que sería «un día perfecto».

Luego hago dos cosas: en primer lugar, lo comparo con los anteriores días que he escrito para ver qué he añadido o quitado, con el fin de conocer cómo valoro unas cosas y voy rechazando otras. Después, leo mi lista e intento que alguno de los días de ese año sea lo más parecido a lo escrito.

Nunca lo he conseguido. Pero me he quedado cerca.

Aquí comparto contigo mi día perfecto para este año.

Espero que tú también alcances tu día perfecto pronto.

Dormir 8 horas.
Desayunar con mi familia.
Trabajar dibujando y teniendo ideas para ayudar.
Escuchar música.
Hacer ejercicio.
Comer con mi mujer.
Jugar con mis hijos.
Jugar con mis amigos.
Estar con mis padres, mi suegro, mi cuñada, mi abuela
*   y mi hermano.*
Hacer el amor con mi mujer.
Leer.

CREAR

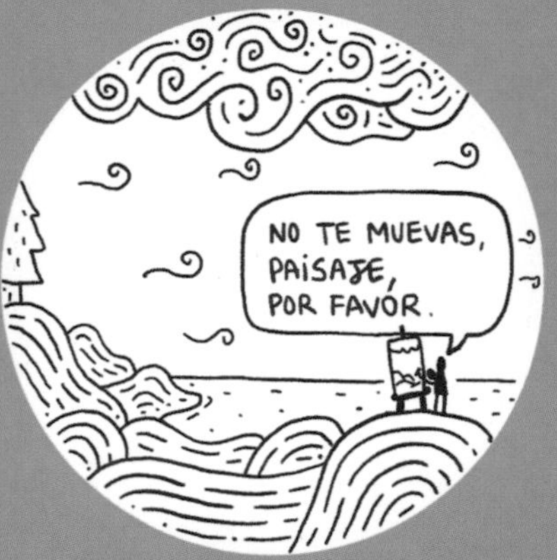
NO TE MUEVAS,
PAISAJE,
POR FAVOR.

NO SÉ

No sé nadar.
No sé leer.
No sé andar en bici.
No sé escribir.
No sé dibujar.
No sé tocar el piano.
No sé hablar en público.
No sé hacer castillos de arena.
No sé bailar.
No sé cantar.
No sé vestirme a la moda.
No sé patinar.
No sé casi nada.
Pero terminaré expresándome.
Y por algún lado saldrá mi personalidad.

CREANDO
ME
SIENTO
VIVA.

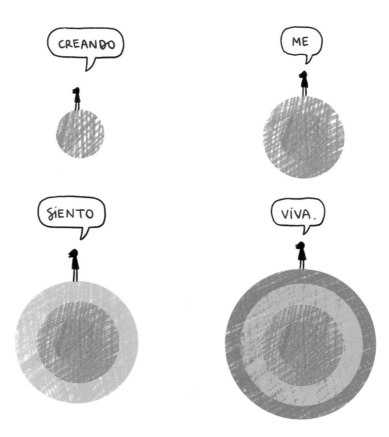

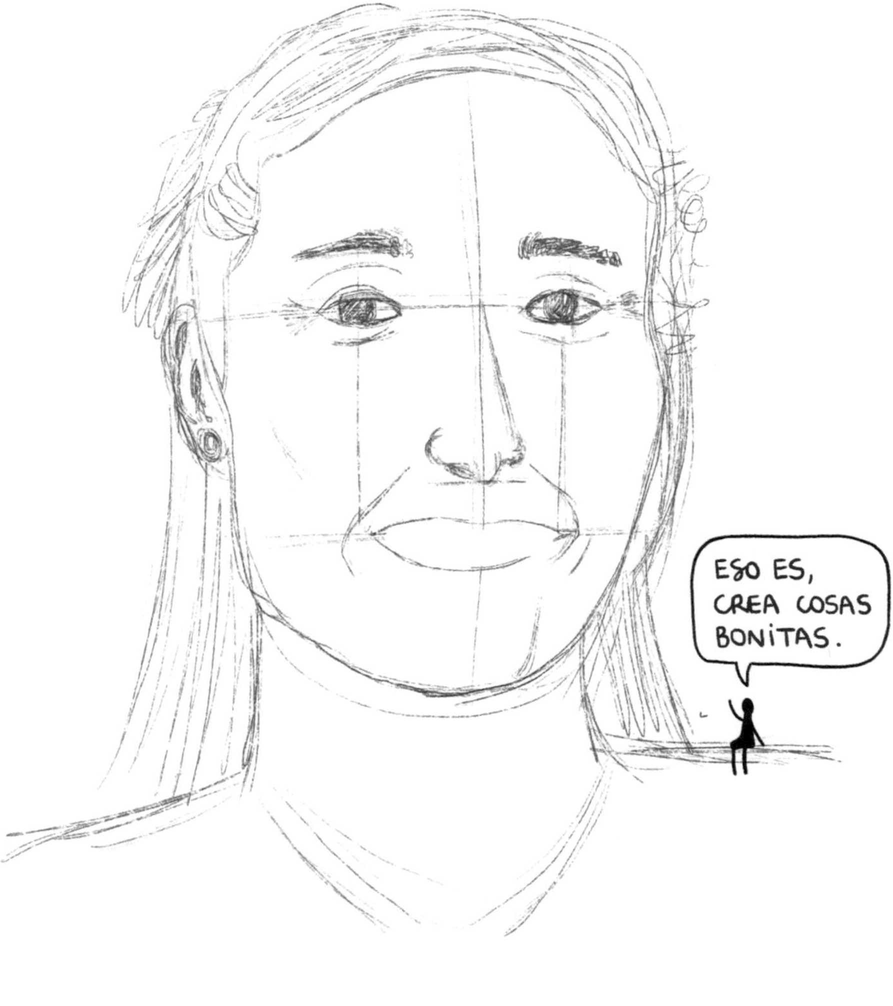
ESO ES, CREA COSAS BONITAS.

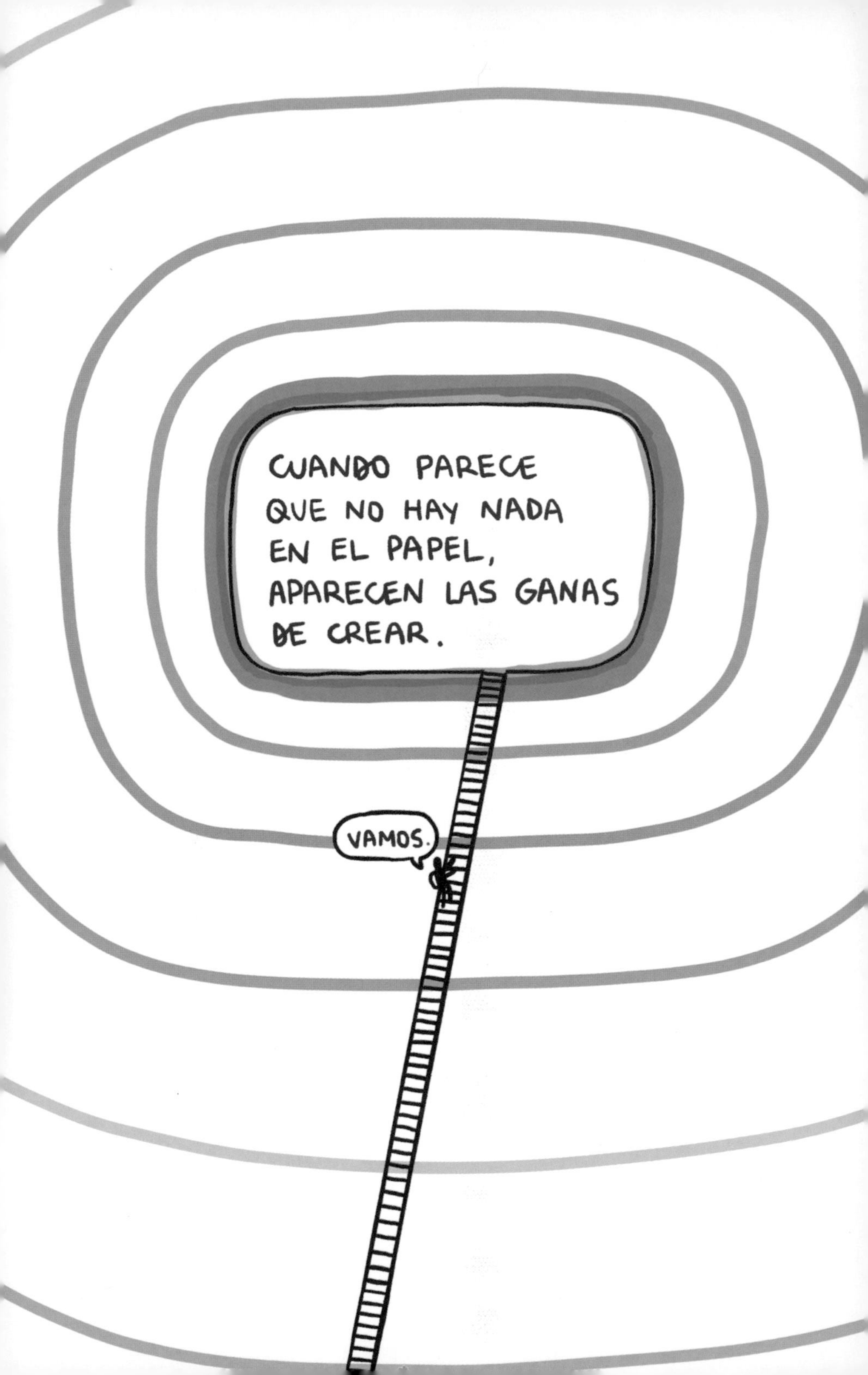
CUANDO PARECE QUE NO HAY NADA EN EL PAPEL, APARECEN LAS GANAS DE CREAR.
VAMOS.

UN CUADERNO NUEVO

Un cuaderno nuevo, vacío, sin estrenar, es la pieza más motivadora que puedo imaginar. La invitación más pura para crear. El billete de Willy Wonka asomando en cada página.

Un cuaderno que contiene, potencialmente, las mejores ideas de la historia. Leonardo da Vinci animándote para superarle. Shakespeare, Frida Kahlo, Foster, Medardo Fraile y Virginia Woolf con ganas de invitarte a su club de inmortales.

Y, al mismo tiempo, descubrir la inocencia de no optar por ser grande y simplemente escribir o dibujar o garabatear en ese cuaderno para dejarlo allí presente para siempre.

Un cuaderno nuevo no es una cosa importante.

Pero crear sí.

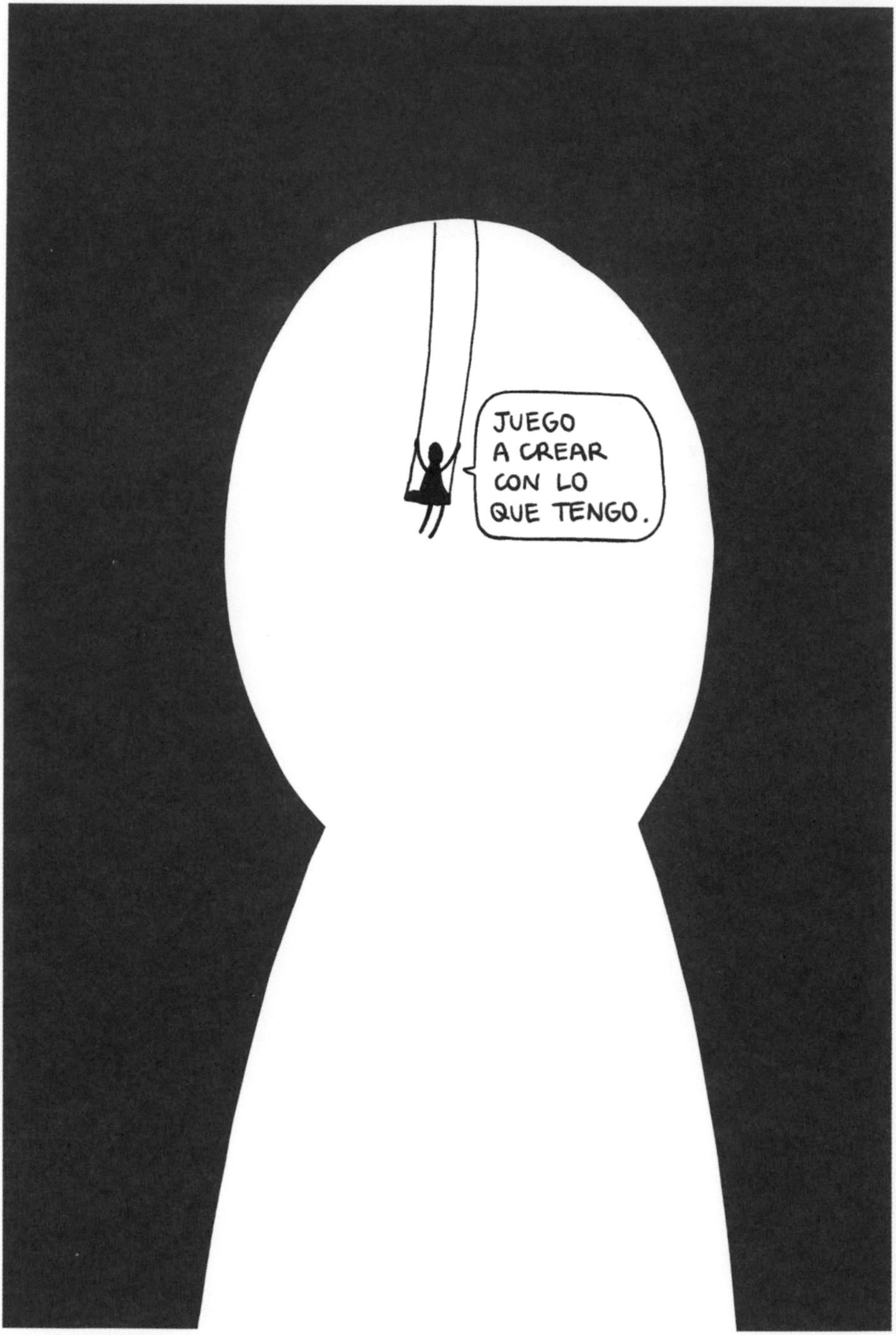
JUEGO A CREAR CON LO QUE TENGO.

ESCRIBE

Escribe la lista de la compra.

Escribe una lista de cosas que te gustaría decirle a alguien a quien quieres.

Escribe un cuento de 100 palabras.

Escribe un cuento de 500 palabras.

Escribe la sinopsis de una película.

Escribe una novela corta.

Escribe una novela.

Escribe el guion de cine de esa novela.

Escribe el discurso de agradecimiento del premio por ese guion.

Escribe una carta para decir que no quieres hacer otra película.

Escribe cuentos para niños.

Escribe chistes para cómicos.

Escribe una lista de cosas que te gustaría hacer antes de morir.

Escribe al hotel para informar de que llegaréis tarde.

Escribe acertijos para tus nietos.

Escribe tus memorias.

Escribe el guion de cine para tus memorias.

Escribe un adiós.

Vete a hacer la compra con tu lista y al volver comienza a escribir.

SI PUDIERA DOMINAR
UN ARMA EN EL MUNDO,
SERÍA UN INSTRUMENTO MUSICAL.

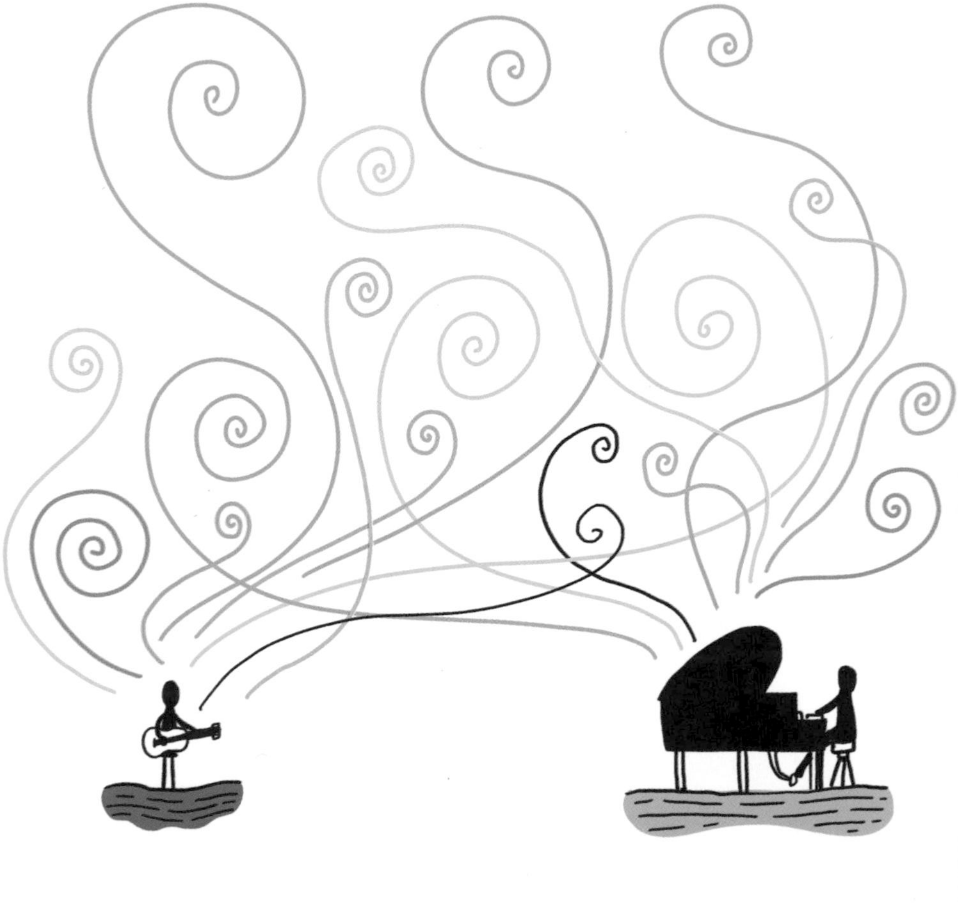

CREAR UN EQUIPO

Otra forma de crear es disfrutar de lo que ya se ha creado.

Deleitarse con todo lo mejor de lo que se ha escrito, pintado, esculpido, compuesto.

Asumir que uno nunca va a llegar a ese nivel y que, de entre los miles y miles de obras que se han producido a lo largo de historia, esas representan la máxima expresión de la creación humana.

Sentarse un buen rato a contemplar las creaciones de otros seres humanos que lo han captado a la perfección.

Crear —aquí está el truco— un equipo que te ayude a entender y disfrutar todo esto que es vivir.

FAMILIA

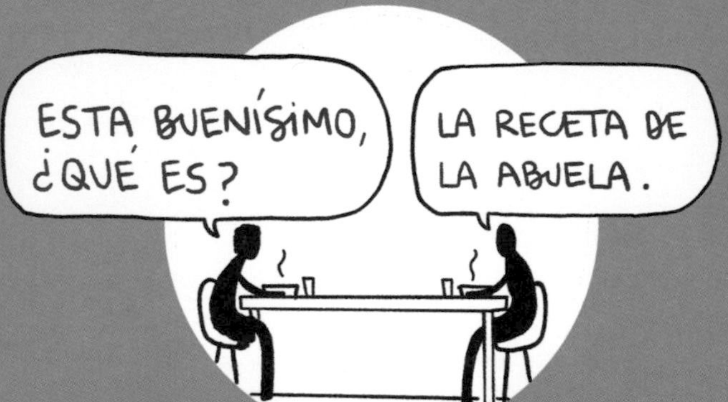
ESTA BUENÍSIMO, ¿QUÉ ES?
LA RECETA DE LA ABUELA.

FABRICAR UNA FAMILIA

Si hay un lugar ideal donde se pueda fabricar una familia es alrededor de una mesa mientras se come. Incluyo los materiales necesarios a modo de plan arquitectónico:

- 2 toneladas de «por favor» y «gracias»
- 8 toneladas de paciencia
- 1 camión de «Esto está buenísimo, ¿cómo lo has hecho?»
- 1 andamio de «¿Qué ha sido lo mejor de tu día?»
- 20 señales de «Luego te cuento yo otra historia muy buena»
- 1 plano de «¿Dónde os gustaría ir este fin de semana?»
- Servicio de comunicaciones «Después de comer llamamos a la tía»
- Unidad de emergencia «No te preocupes, seguro que eso tiene solución»
- Centro de control «Claro que lo vas a conseguir»
- 90 toneladas de cemento «Sobremesa que lo arregla todo»

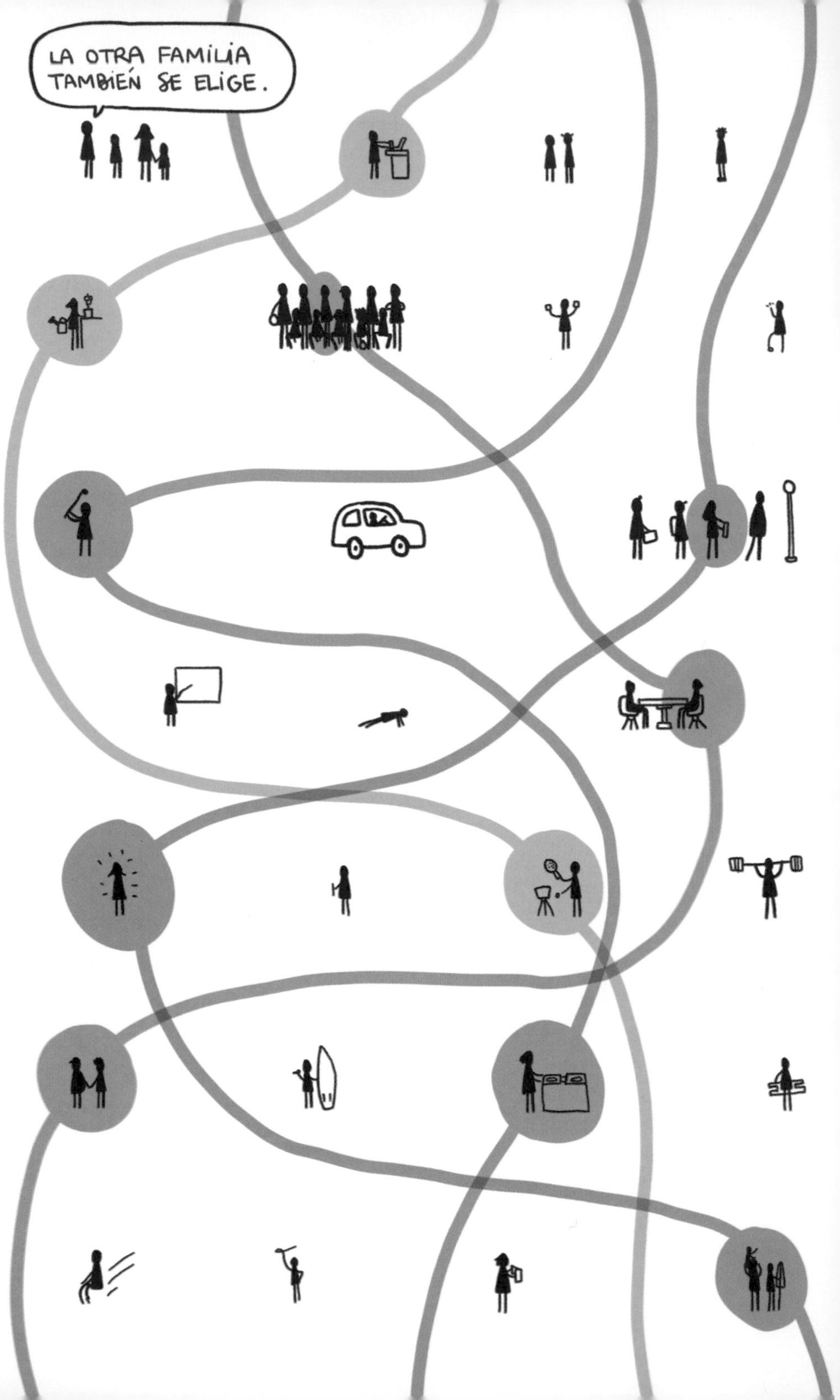
LA OTRA FAMILIA TAMBIÉN SE ELIGE.

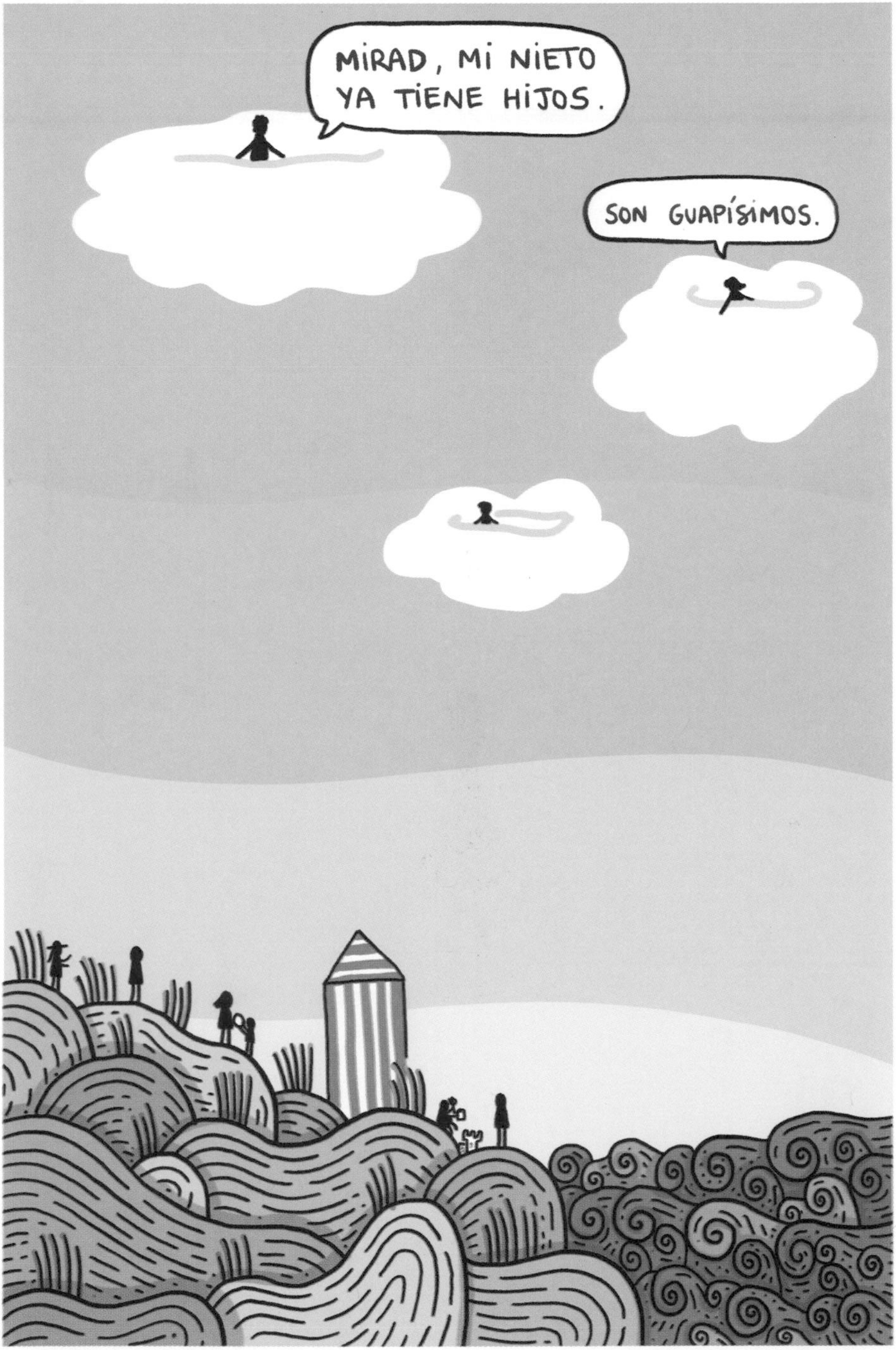
MIRAD, MI NIETO YA TIENE HIJOS.
SON GUAPÍSIMOS.

UTILIZO LA COLONIA
DE MIS HIJOS
PARA QUE ME
RECUERDE A ELLOS.
NO ES MUY ORIGINAL,
PERO FUNCIONA.

LA PALABRA *FAMILIA*

Describir a mi familia con la palabra *familia* sería un error.
Para empezar hay dos niños y dos adultos. Luego sería *famillia*.
Ahora se empieza a parecer un poco.
Pero también hay que meter a los abuelos y a los tíos. *Familllllllllia*.
Y los amigos con sus hijos. Compartimos con ellos muchas historias. Se merecen estar dentro de esta palabra. *Famiiiiiiillllllllllllllllllllia*.
Si os acordáis de ellos y os traen buenos recuerdos, incluidlos también en la palabra. Yo no me olvidaría nunca de mis tíos, de mis primos ni de esos amigos de la familia a los que he llamado «tíos» toda mi vida aunque no compartamos apellido. Los meto en la palabra, mirad: *famiiiiiiiiiiiiiiiiiiiiiiiiiiiiiilllllllllllllllllllllllllllllllllllllllllllllllllllllia*.
Y así podéis ir haciendo con la vuestra. Sed exigentes y no incorporéis a cualquiera.
Cuando ya la tengáis lista, solo hay que hacer dos cosas: alegrarse cuando la palabra crezca y estar muy juntos cuando disminuya.

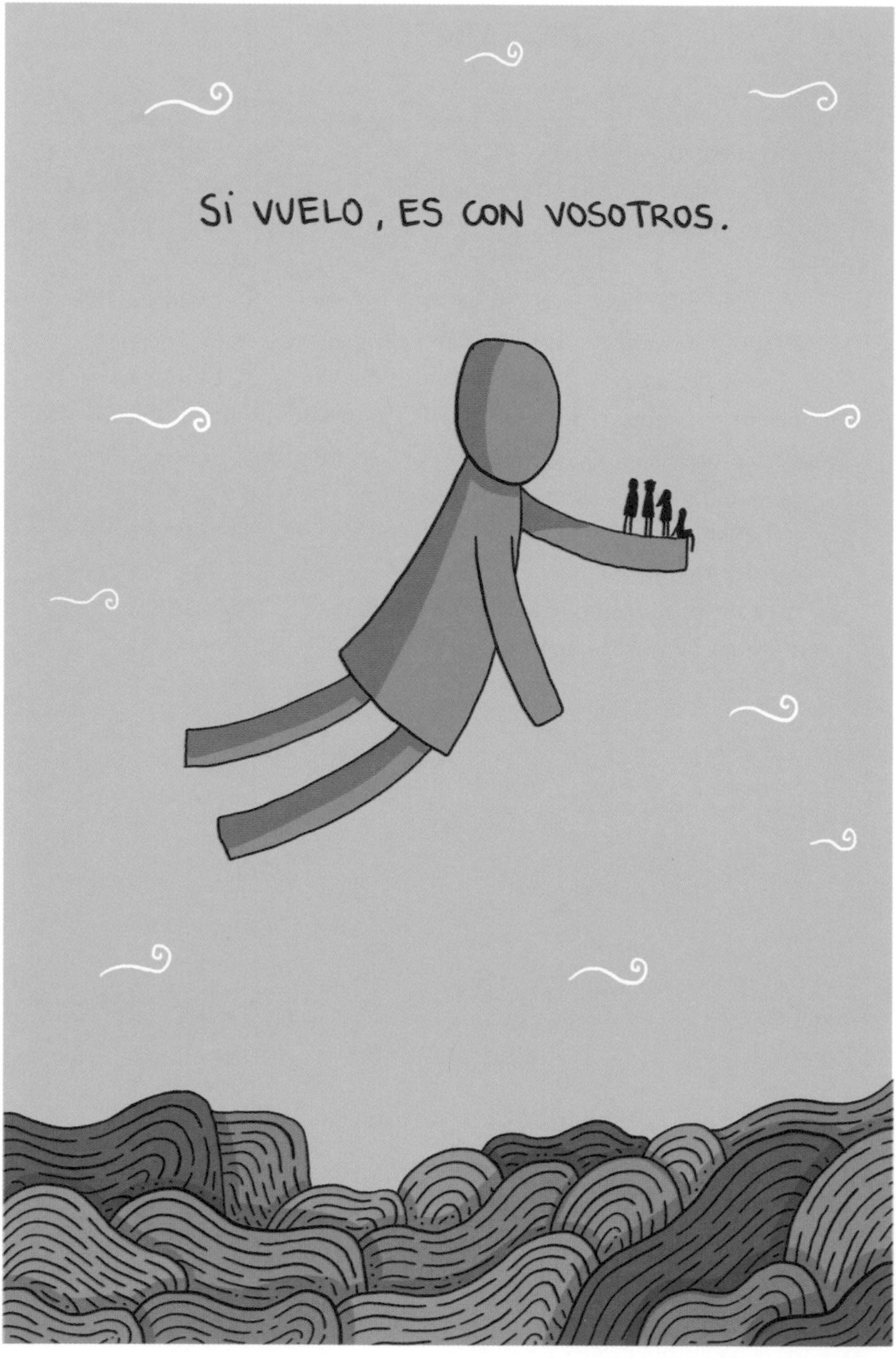
Si VUELO, ES CON VOSOTROS.

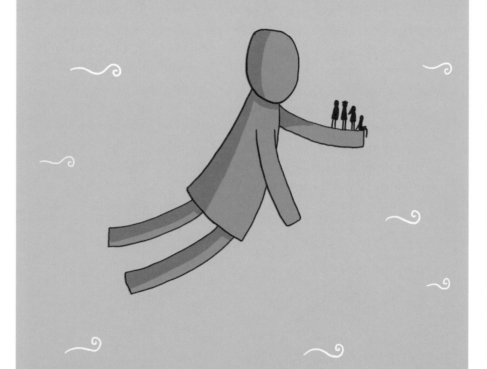

PEGAMENTO

Inventaron un pegamento para arreglar familias.

Al principio fue un éxito. Incluso las familias que no estaban rotas se lo compraron. Ponías un poco en cada uno de los extremos separados, los juntabas durante unos días y conseguías una familia unida.

En cualquier país encontrabas este pegamento. Diferentes envases, tamaños, nombres, pero siempre el mismo resultado.

Luego llegaron las imitaciones. Productos más baratos que hacían algo parecido, pero con los que al cabo de unos días las cosas volvían a romperse. Cada miembro de la familia por su lado.

Cuando ya todo el mundo quiso comprar el pegamento, se desveló el misterio: tan solo había que ESCUCHAR, sentarse y dejar a la otra persona hablar.

Era un producto que se había inventado hacía mucho tiempo, como todas las cosas que importan.

HAY MUCHA FAMILIA
DETRÁS DE TU FAMILIA.
VE A CONOCERLA.

LA CASA DE SU AMIGA

Ocurrió un viernes de verano.

Sara se quedó a dormir en la casa de su amiga Inés y, como intercambio, la hermana de Inés se quedó a dormir con la hermana de Sara.

Los padres de las niñas aceptaron de buen gusto. Cenaron, vieron una película y se fueron a la cama. Pero a la mañana siguiente sucedió algo muy raro: Sara e Inés ya no eran amigas. Eran hermanas.

Lo mismo les había pasado a sus hermanas en la otra casa.

Tanto los padres como las niñas actuaban con normalidad.

Algunos vecinos se extrañaron. Las hermanas habían cambiado. Ni se parecían, pero actuaban como hermanas.

¿Tanto unía una noche durmiendo en la casa de una amiga?

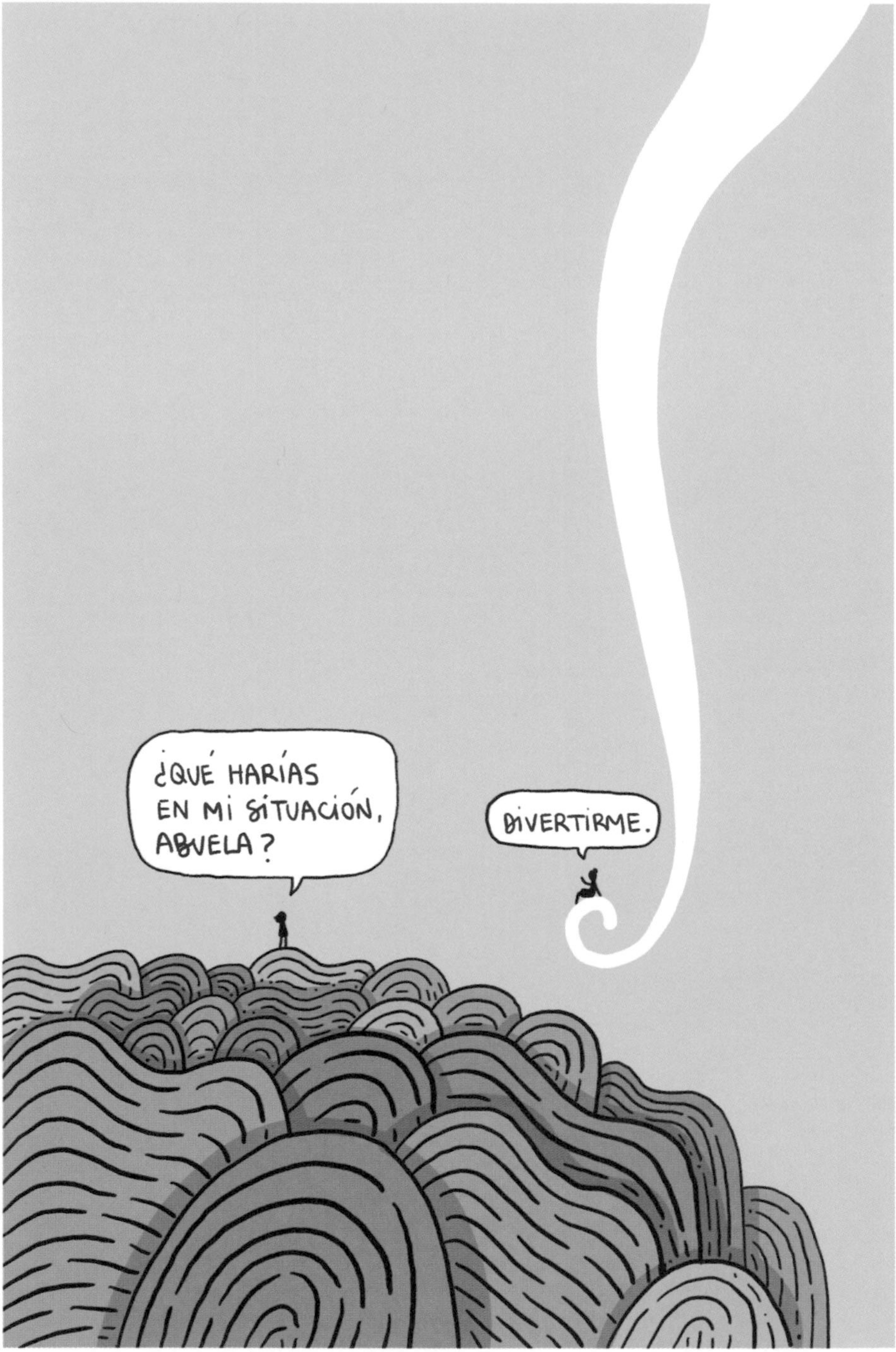
¿QUÉ HARÍAS EN MI SITUACIÓN, ABUELA?
DIVERTIRME.

MAPAS

Las familias son mapas.
Con cada nacimiento los mapas crecen.
Hay ríos que unen países que son personas.
Otros ríos que marcan diferencias insalvables.
Mares y océanos que son apellidos y se mezclan.
Y muchas montañas.
La cordillera de los abuelos, que cruza imponente varios continentes.
Picos más altos y valles muy profundos que representan el verdadero corazón de la familia.
Bahías, estrechos, cabos, la tía abuela Águeda, que siempre fue una isla pero a la que todo el mundo quería ir a visitar de vacaciones.
Lagos que son conversaciones pendientes.
Penínsulas que fueron problemas que se han arreglado.
Masas heladas que son el tiempo que se dan los miembros de la familia para llevarse mejor.
Me encantan los mapas que cuentan cosas.

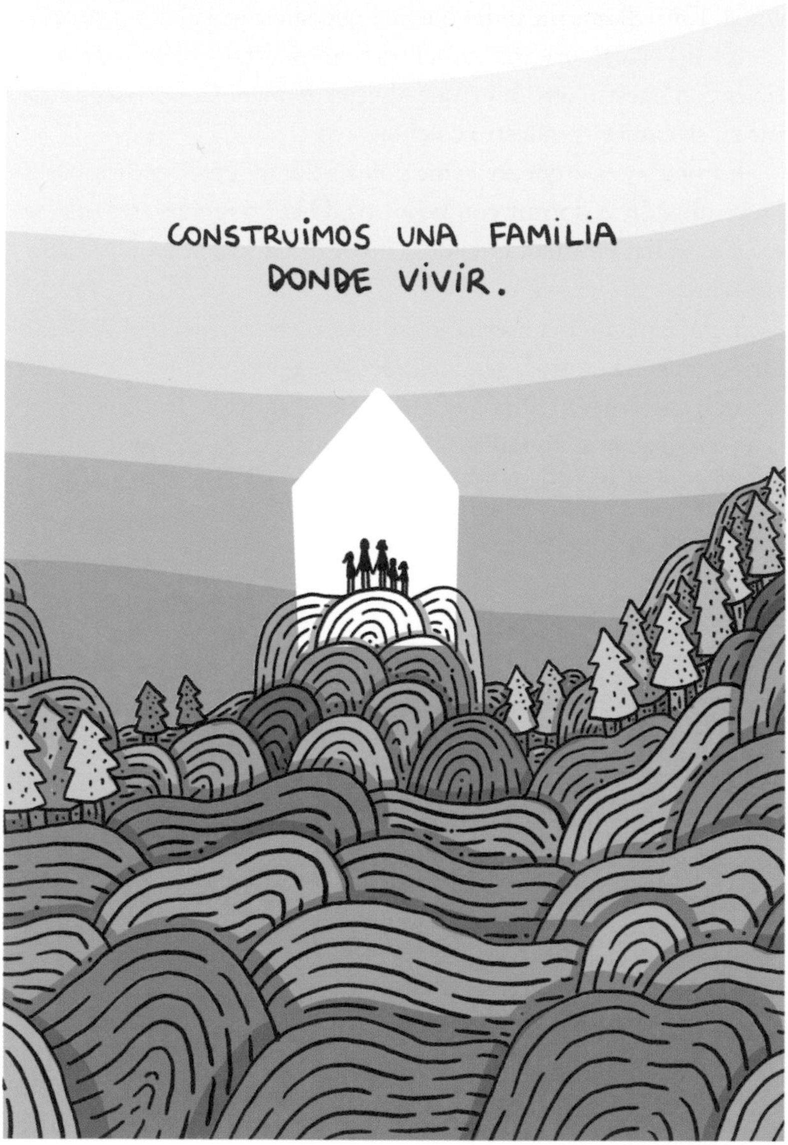
CONSTRUIMOS UNA FAMILIA DONDE VIVIR.

LA NOCHE

La otra noche nuestro hijo nos despertó llorando desde su habitación. Quería que durmiéramos con él. Me levanté de la cama y acudí en su ayuda. Entre lloros me pidió que me quedara a su lado. Y acepté.

En mi cuarto original, mientras tanto, estaba descansando mi mujer con nuestro otro hijo, que alterna de manera profesional dormir en su cuna y en nuestro colchón.

Entonces pensé que, si yo me ponía a llorar, igual vendría mi madre o mi padre a dormir con nosotros. O si mi mujer, asustada por una pesadilla, emitiera quejidos, invocaría a su mamá y vendría a consolarla.

Y me pareció una escena ideal poder pasar la noche llamándonos los unos a los otros, generaciones tras generaciones, e ir llenando nuestras camas de abrazos, caricias y «tranquilo, está mamá y no va a pasar nada», como una cadena infinita para descansar sin ningún temor.

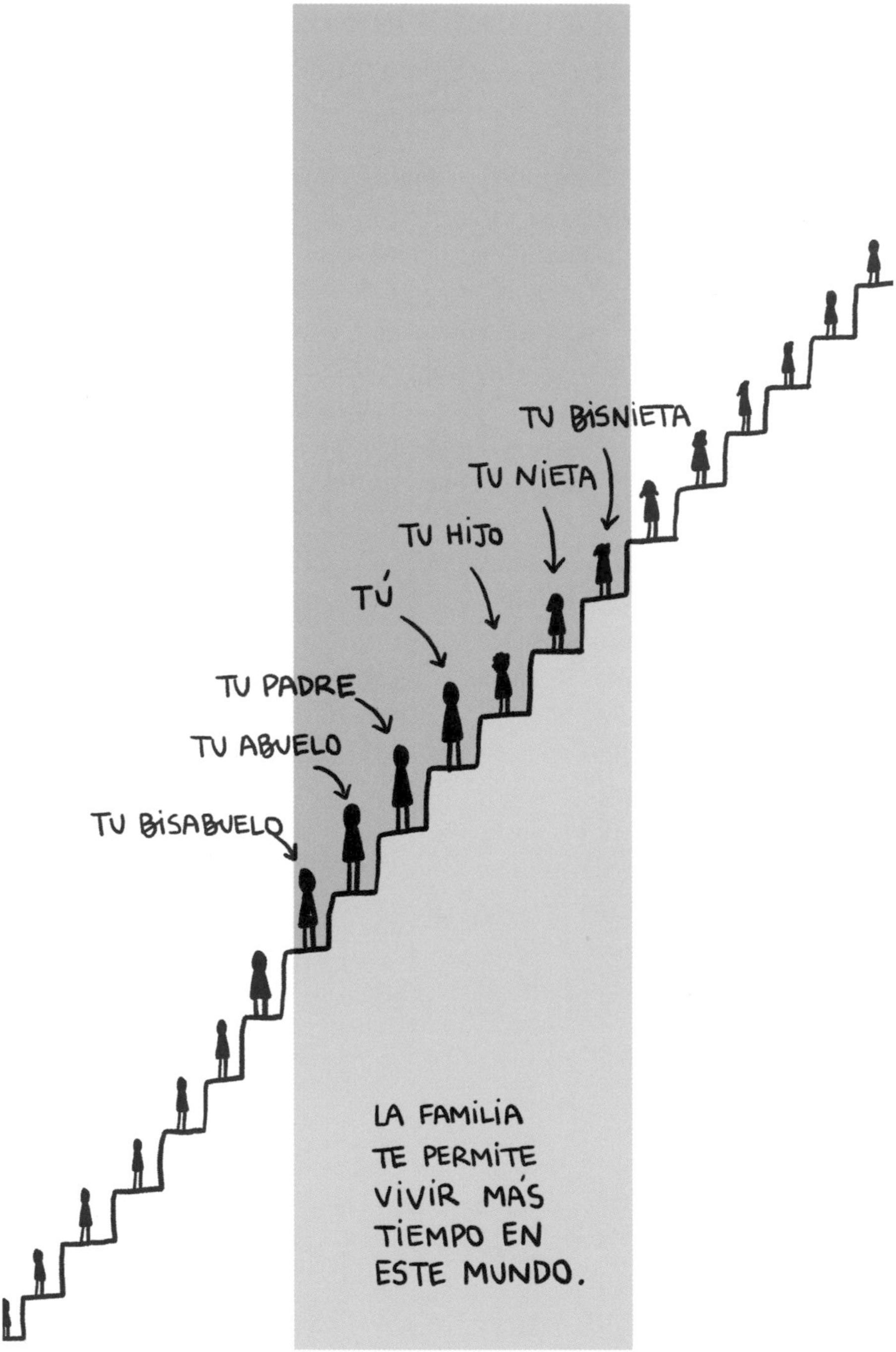
TU BISNIETA
TU NIETA
TU HIJO
TÚ
TU PADRE
TU ABUELO
TU BISABUELO
LA FAMILIA
TE PERMITE
VIVIR MÁS
TIEMPO EN
ESTE MUNDO.

EL DÍA QUE SE PUSIERON LOS APELLIDOS

Hace cientos de años, cuando ya empezaba a haber mucha gente en el mundo, se decidió poner un apellido a cada familia para diferenciar al Jorge que vivía en el puerto del Jorge que hacía zapatos. O a la Cristina que llegó de Córdoba de la Cristina que era hija de Carmen.

Los apellidos los ponía un comité que pasaba por tu casa y no se lo pensaba mucho. Si veían a tu madre tejiendo, eras Tejedor. Si tu padre aparecía por ahí con un delantal blanco, erais la familia Blanco.

Ahora imagina que todos los apellidos desaparecieran y viniera ese comité especial a poneros un buen apellido de familia. ¿Cuál tendríais?

Imagina que tu padre abre la puerta de casa con el mando de la tele en la mano. Los Mando.

O que a tu hermana se le escucha cantar la última canción de J Balvin. Serás Carlos Reguetón.

Nuevos apellidos, mucha imaginación, familias delirantes, nuevos juegos de palabras.

Ana Melocotón.

«Vamos a casa de los Susurro.»

Francisco Bigote e hijos.

Me gustaría formar parte de ese comité.

¡Familias, estad atentas!

DECIR LO QUE SIENTES

JARDÍN

¿Es importante decir lo que uno siente?
No lo sé.
Me imagino que todo lo que sentimos, sea bueno o malo, es como una semilla que se posa en nuestro interior.
Y con el paso del tiempo, va creciendo.
Me gustaría pensar que dentro de mí hay un gran jardín al que, de vez en cuando, hay que meterle la tijera y trabajarlo. Quitar las malas hierbas, sustituir lo feo por algo que dé color. Incorporar flores que no conocías y ver cómo evolucionan.
Decir lo que uno siente es cuidar el jardín.
Ser consciente de lo que está pasando y no descuidarlo.
Es tu pequeño rincón que está creciendo siempre.

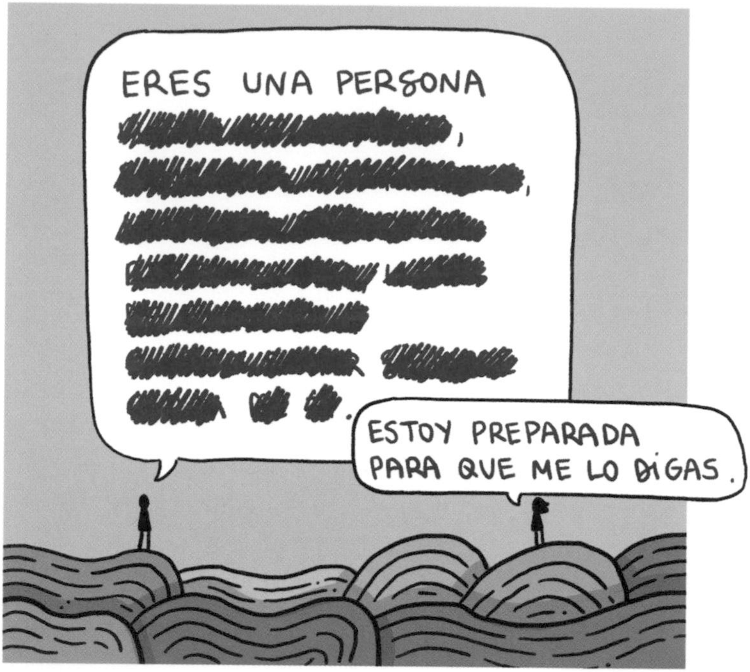
ERES UNA PERSONA [redacted].
ESTOY PREPARADA PARA QUE ME LO DIGAS.

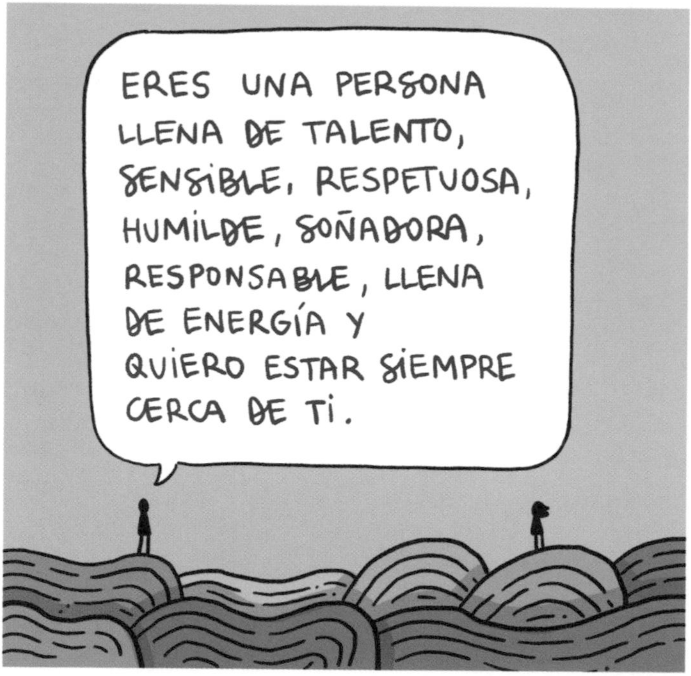
ERES UNA PERSONA LLENA DE TALENTO, SENSIBLE, RESPETUOSA, HUMILDE, SOÑADORA, RESPONSABLE, LLENA DE ENERGÍA Y QUIERO ESTAR SIEMPRE CERCA DE TI.

EL PAPEL QUE HABLA

Al llegar a casa escribo en un papel todas las cosas que no me he atrevido a decir.

A mis jefes, al conductor del autobús, a la chica de la pastelería, a mi madre cuando he hablado por teléfono...

Después de cenar, mientras todos duermen, las leo en voz alta y las interpreto como si esas personas estuvieran delante. A veces salen cosas muy directas; otras no se las cree nadie, ni yo mismo, que soy el único que las escucho. Son pensamientos de todo tipo y condición. Tristes, iracundos, impulsivos, reflexivos, inesperados...

Mi objetivo es practicarlos tanto de noche que por el día me salgan sin pensar.

Que esa lista interminable de cosas que no he dicho sea cada vez más corta.

Mientras tanto, la interpretación nocturna seguirá siendo un espectáculo.

El papel que habla dice lo que siento.

Espero decirlo yo algún día.

DI LO QUE TE SALGA
DE LA PUNTA DEL

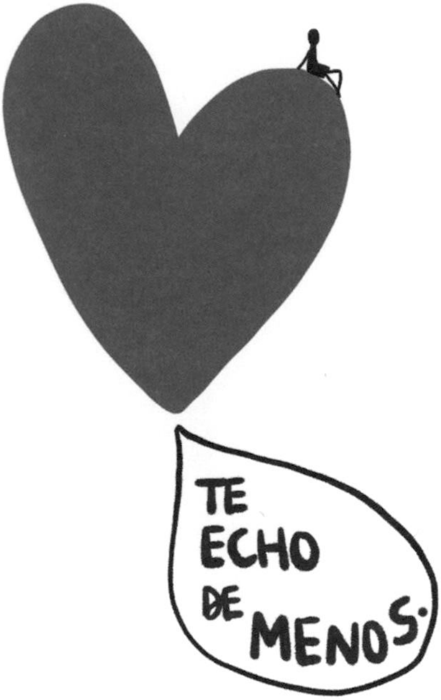
TE ECHO DE MENOS.

DILO

Si estás contento, dilo.
Si estás triste, dilo.
Si estás eufórica, dilo.
Si tienes ganas de llorar, dilo y llora.
No te guardes nada dentro. Ocupa un espacio muy valioso y los sentimientos se conservan mal en el interior.
La gente de tu alrededor va a valorar mucho que compartas algo tan tuyo.
Ponlo por escrito, dibújalo, escribe una canción con todo ello.
Hay mucho arte en lo que sentimos.
Digámoslo.

SILENCIO

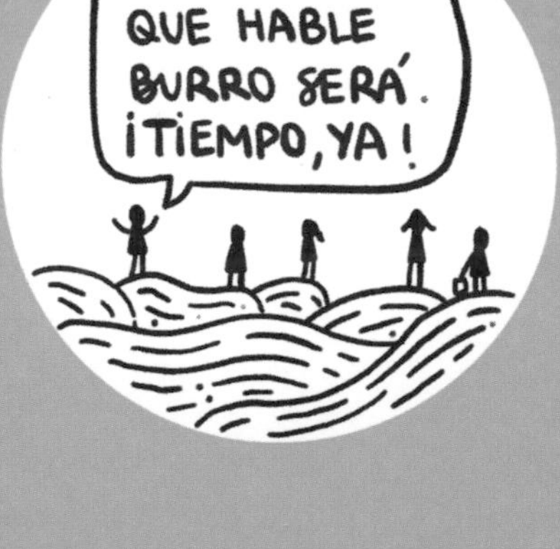
EL PRIMERO QUE HABLE BURRO SERÁ. ¡TIEMPO, YA!

FIESTA DE DISFRACES

Si alguien me invitase a una fiesta de disfraces de silencios, tendría dudas sobre qué ponerme.

Ir disfrazado de silencio de náufrago me entristece.

O de silencio de viudo, que es silencio, pero también es llanto.

Ese silencio cuando la otra persona tiene razón y otorgas.

Disfrazarse del silencio cuando los bebés duermen y ya descansas. Ese sería mi favorito.

No, espera, el silencio mientras piensas una viñeta también es muy especial.

Y el silencio de leer en silencio.

Esa música que no suena cuando todavía no le has dado al play.

La noche de verano en que miras las estrellas y solo reconoces la Osa Mayor, la Osa Menor y Casiopea.

Me dejaron de gustar los silencios incómodos con algunas chicas.

Además, de eso irá disfrazada mucha gente.

Ahora optaría por ir vestido de un silencio cómplice con mi mujer mientras desayunamos sin despertar a los niños.

¿Y el silencio de un camino antes de que lo atraviese corriendo?

Me encantaría ir a esa fiesta.

Ver a todas las personas mirándonos los atuendos las unas a las otras.

Y sonriendo en silencios.

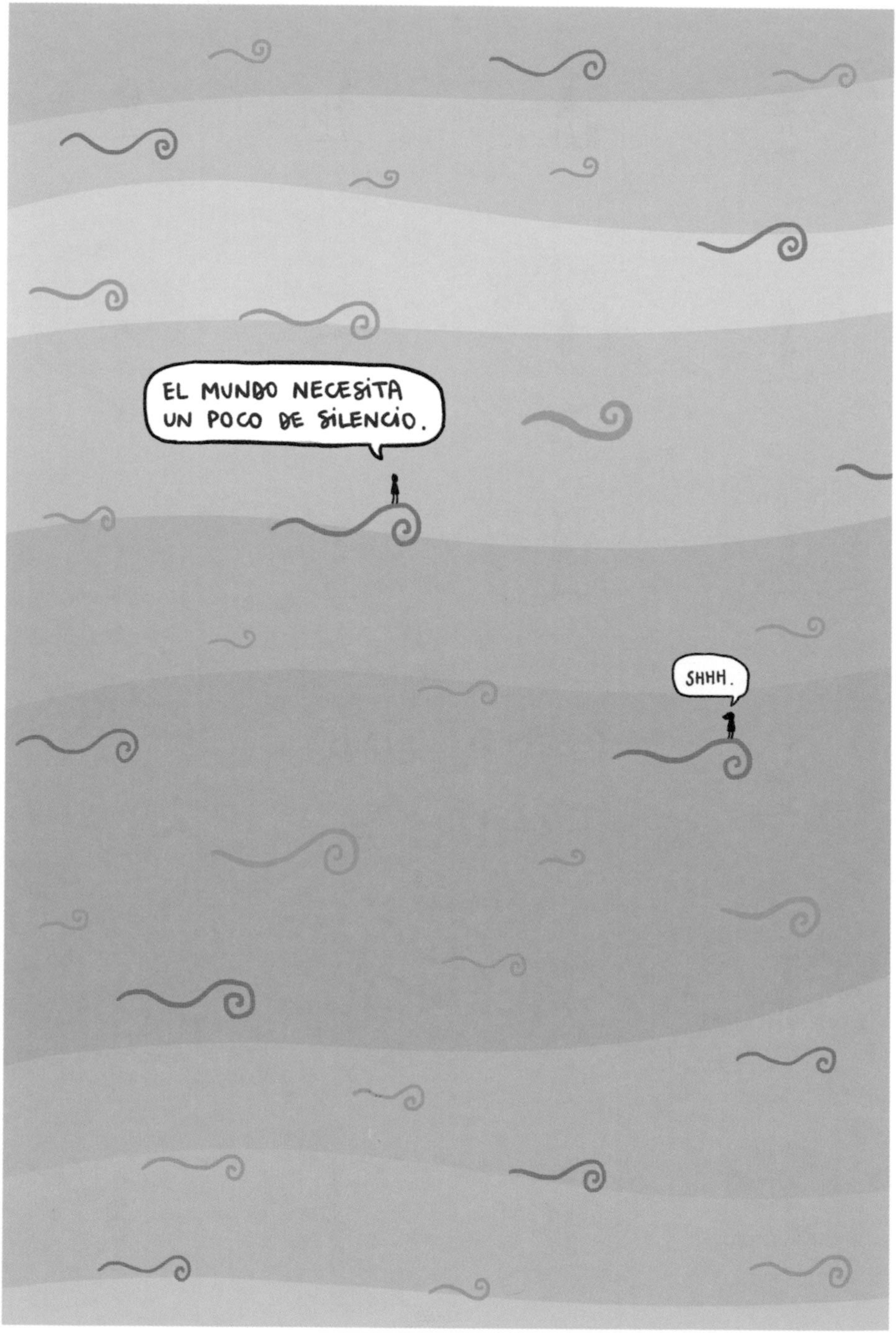
EL MUNDO NECESITA UN POCO DE SILENCIO.
SHHH.

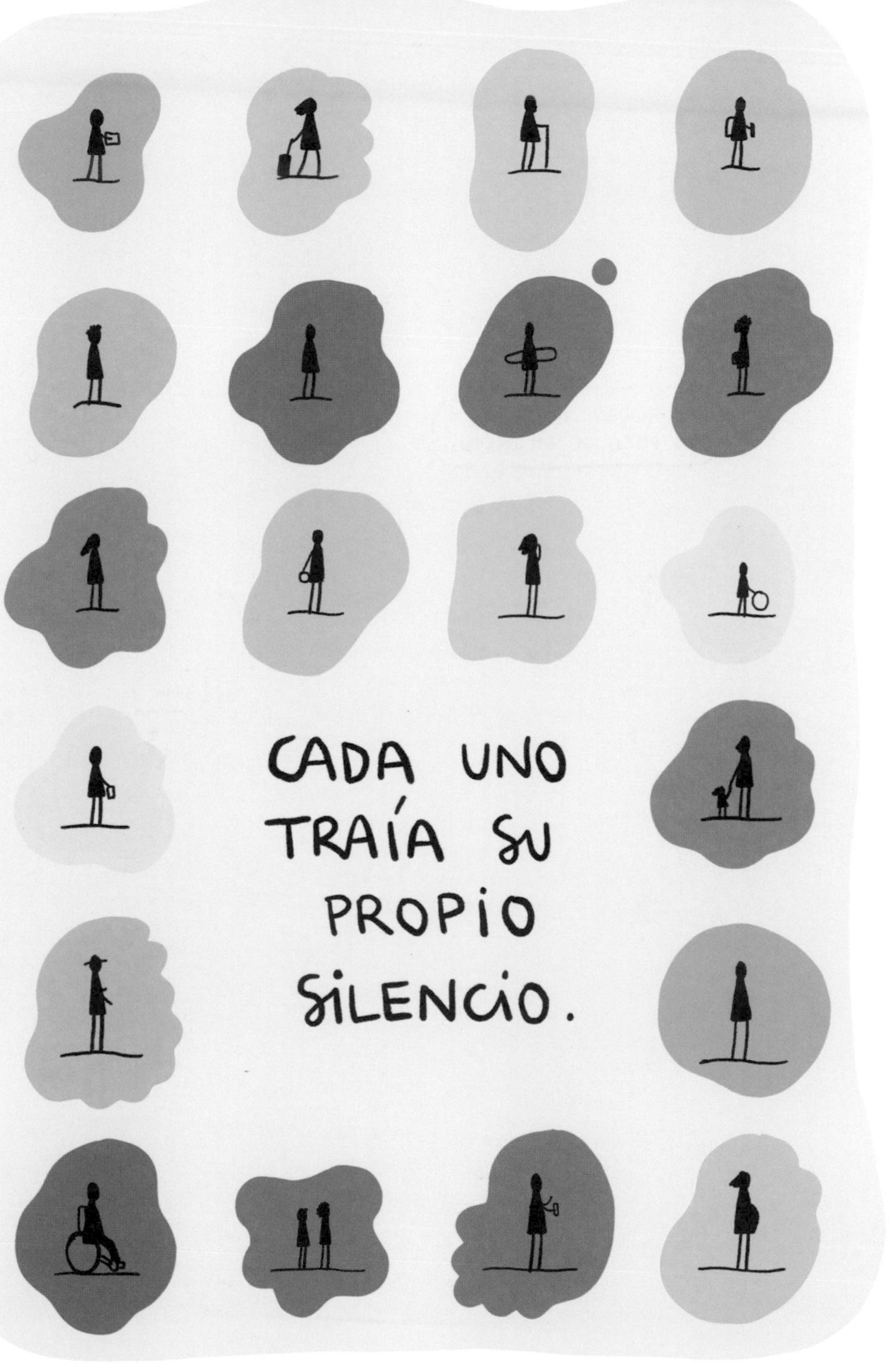
CADA UNO TRAÍA SU PROPIO SILENCIO.

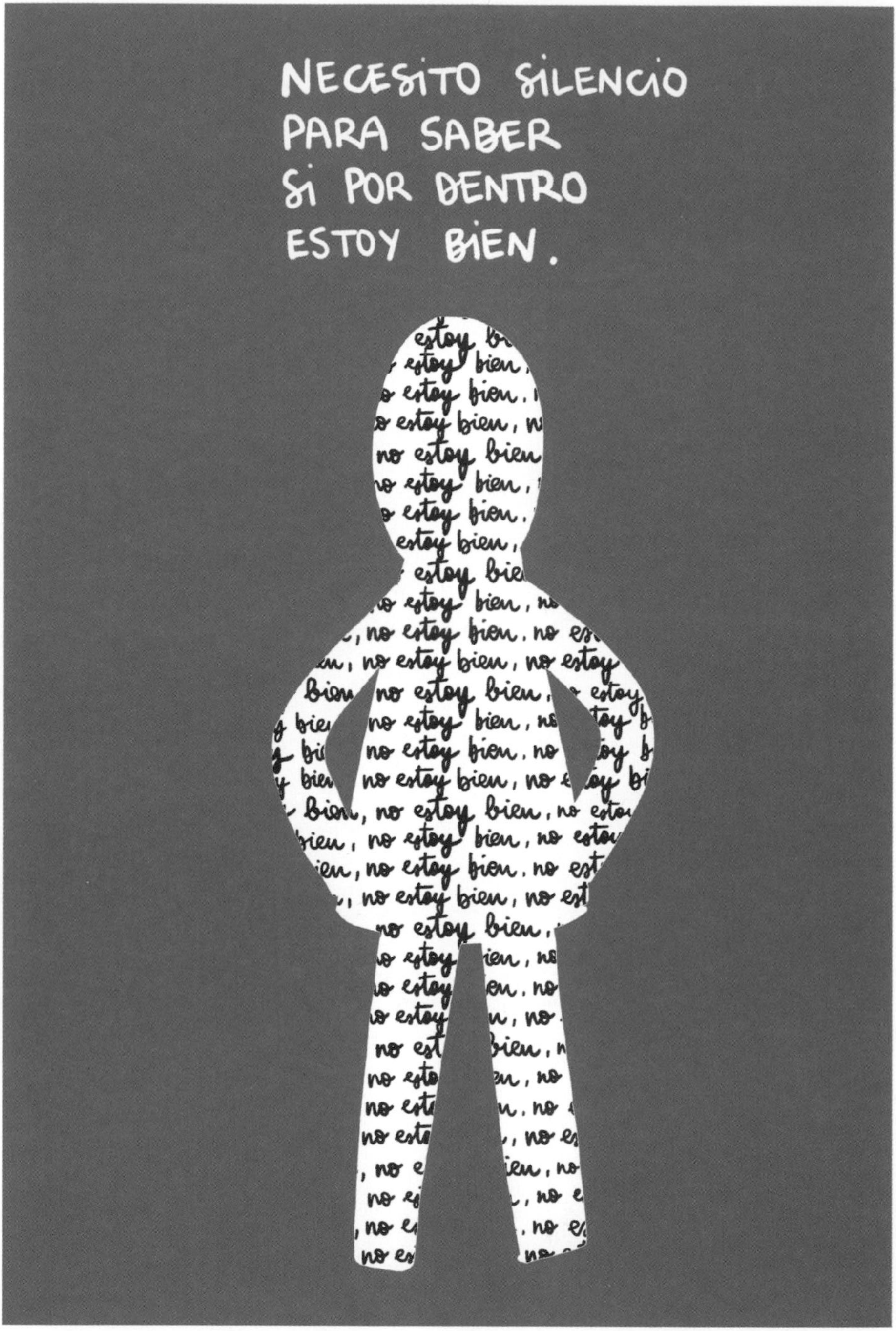
NECESITO SILENCIO
PARA SABER
SI POR DENTRO
ESTOY BIEN.
no estoy bien, no estoy bien, no estoy bien

ENTRE CANCIONES

Entre canción y canción hay unos segundos de silencio.

De pequeño pensaba que en ese tiempo no les daba tiempo a los músicos a hacer nada, ni a beber agua. Todo el disco sin poder ir al baño. Luego entendí que eran grabaciones y que esos segundos estaban arreglados para marcar la separación entre tema y tema, para que supieras que el silencio era un punto y aparte.

Ese silencio siempre me ha gustado, porque en él podías degustar lo que acababas de escuchar o adivinar la siguiente canción si estaba en modo aleatorio de reproducción. Si era un disco que te sabías de memoria, comenzabas a reproducir mentalmente las primeras notas de la siguiente canción, o a avisar a tus amigos del título: «Esta la compusieron después de su viaje a la India».

Hay bandas, DJ y creadores que se saltan esos segundos de silencio y crean un puente invisible entre canción y canción. Hay auténticas maravillas, pero me gusta separar mentalmente cada cosa, y esos puentes no me ayudan. Es como pasar de página en los libros. Marca una separación física, un acantilado, un final.

Los silencios entre canciones son oxígeno para los cantantes.

Dejemos que tome un poquito de agua, que lleva cantando toda la tarde.

SALUD

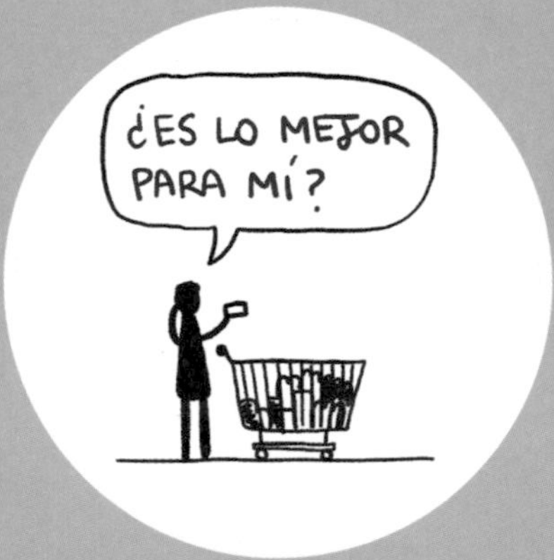
¿ES LO MEJOR PARA MÍ?

PROMETO

Yo, _____, prometo únicamente ante mí no comer ni beber nada que empeore mi salud, así como tampoco realizar actividades que me lleven a perder calidad de vida, ya sea por exceso o por defecto.

Declaro conocer los riesgos de llevar una vida poco saludable y trabajaré para que el lejano día en el que muera no sea debido a causas que podría haber evitado desde el día de hoy.

En _____, el día ___ de _____ del año _____.

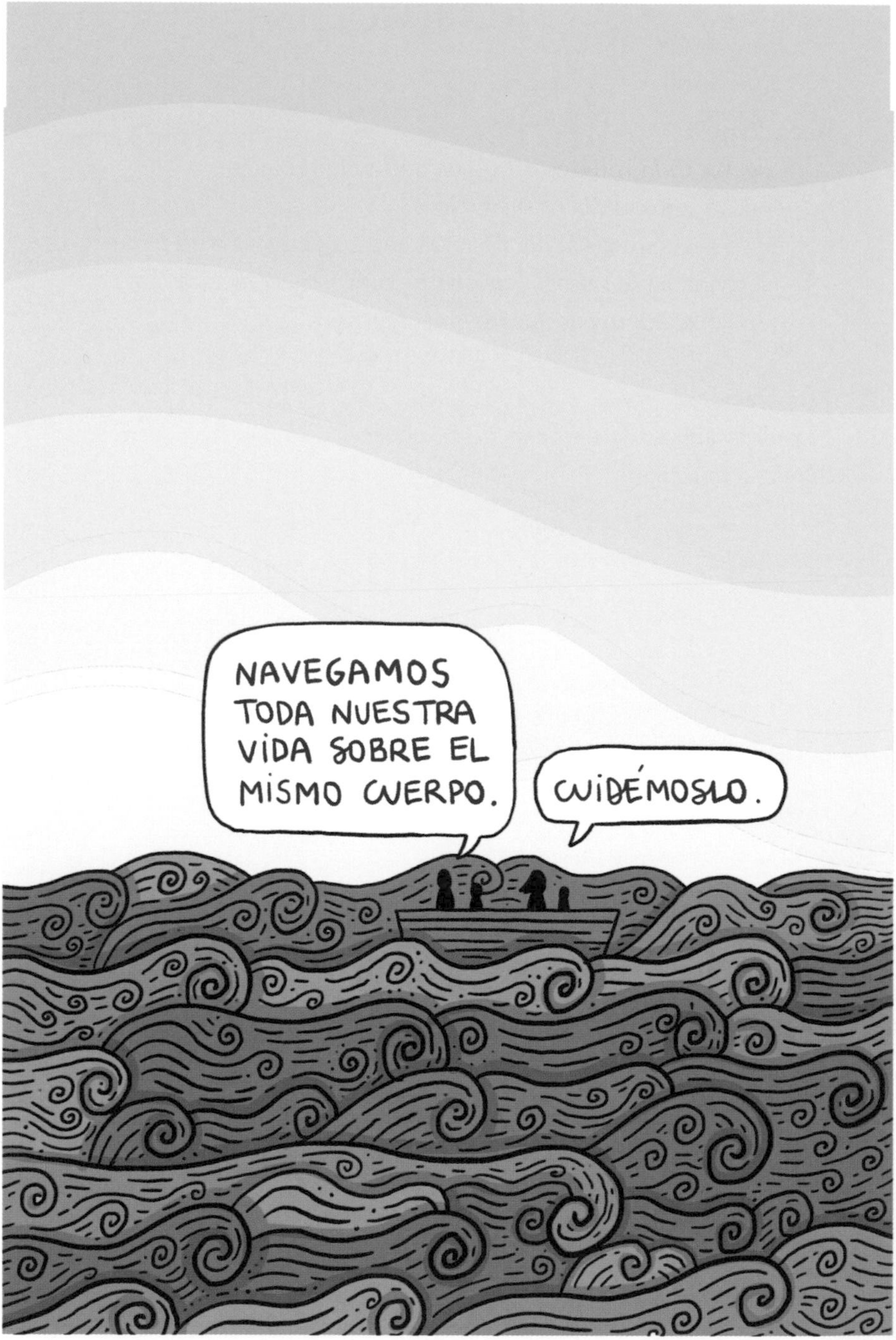
NAVEGAMOS TODA NUESTRA VIDA SOBRE EL MISMO CUERPO.
CUIDÉMOSLO.

RECETA

Ingredientes:
- de 1 a 15 familiares y amigos que comprendan
- 60 minutos al día de ejercicio
- de 3 a 6 comidas al día de cosas que sean buenas para tu cuerpo
- actividades al gusto (deporte, lectura, viajes, música, charla)
- una pizca de amor que no empalague

Preparación:
Mezclar y aplicar diariamente desde que recién se nace hasta el mismo día de la muerte.

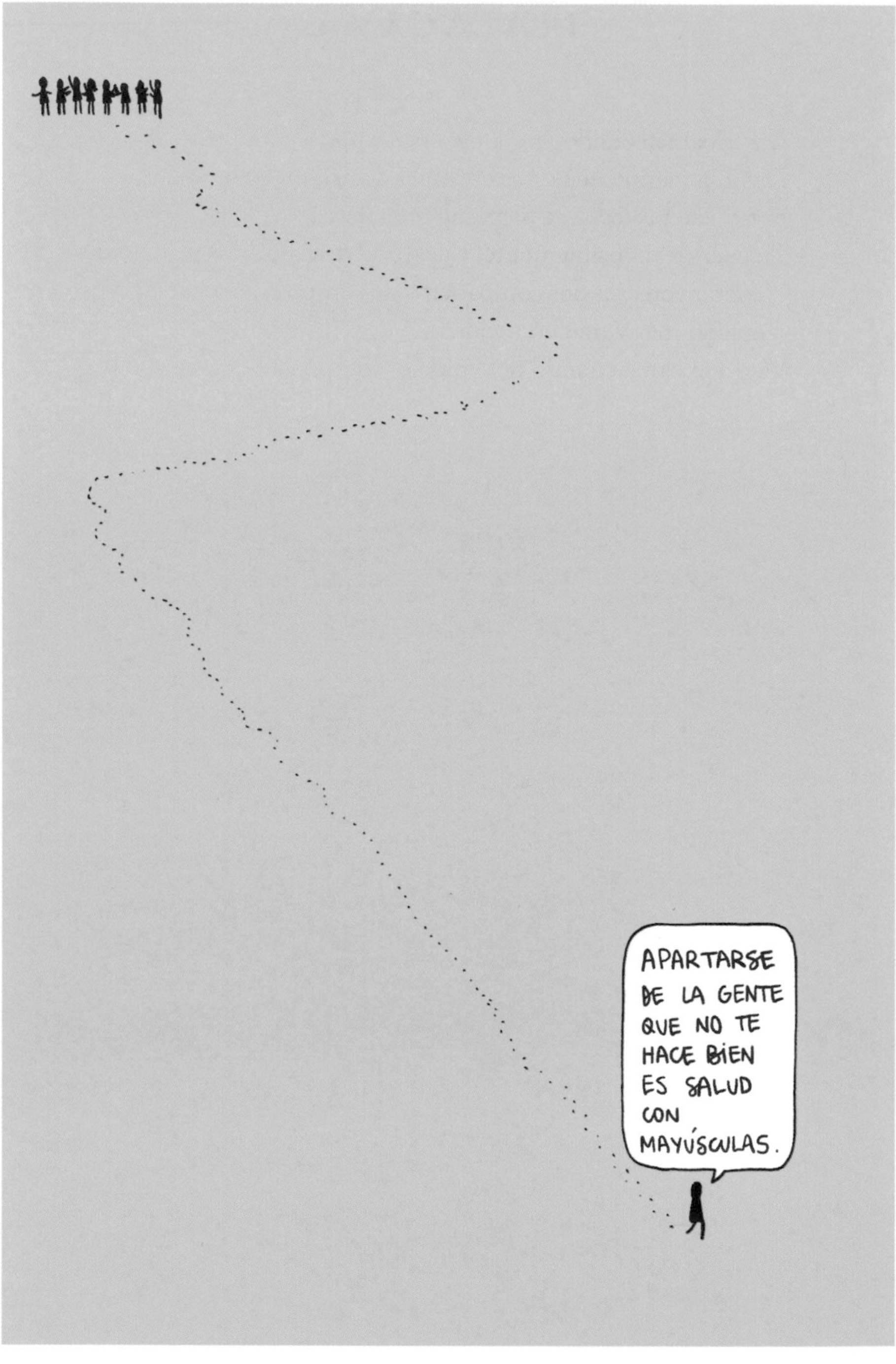
APARTARSE DE LA GENTE QUE NO TE HACE BIEN ES SALUD CON MAYÚSCULAS.

IR A LA CAMA

Ir a la cama cuando te lo pide el cuerpo.

Dejar la página que estás escribiendo así, tal cual está.

Si no está perfecta, la terminarás mañana.

Tu cuerpo y, posiblemente, tu cabeza descansados te ayudarán.

Y contar con esos dos compañeros de equipo es una garantía para jugar mucho más y mucho mejor.

Vete a la cama cuando te lo pida el cuerpo.

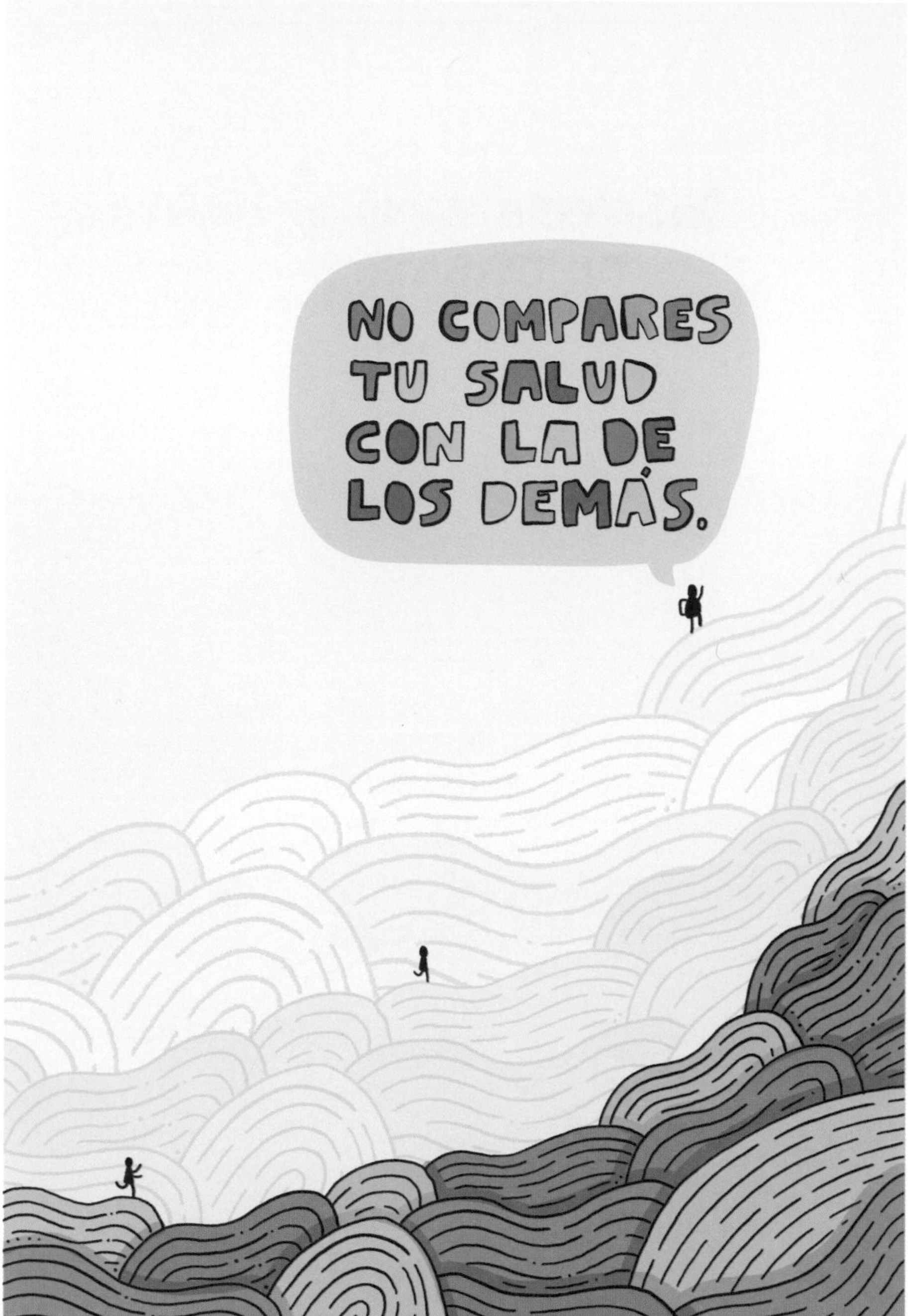
NO COMPARES TU SALUD CON LA DE LOS DEMÁS.

DESCANSA COMO SI FUERA TU TRABAJO.

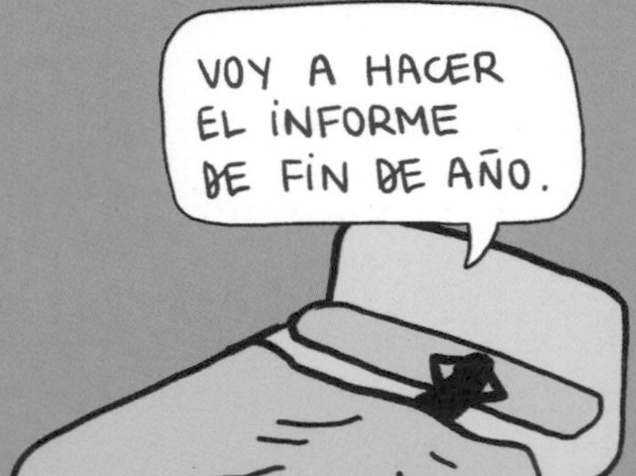
VOY A HACER EL INFORME DE FIN DE AÑO.

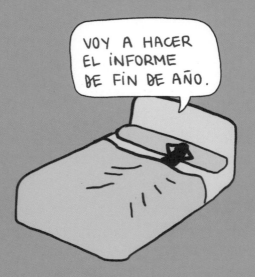

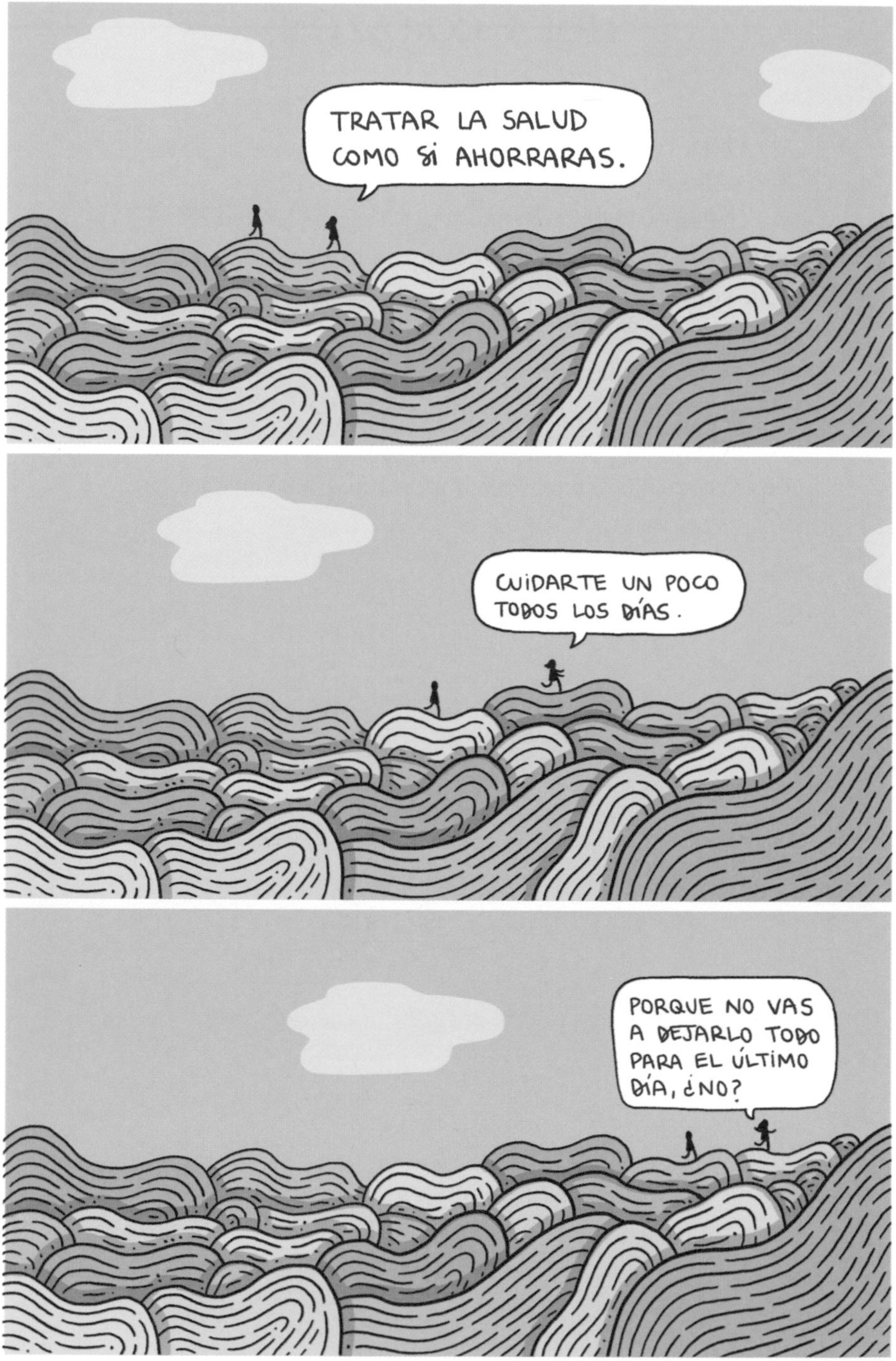
TRATAR LA SALUD COMO SI AHORRARAS.
CUIDARTE UN POCO TODOS LOS DÍAS.
PORQUE NO VAS A DEJARLO TODO PARA EL ÚLTIMO DÍA, ¿NO?

HOLA, CORAZÓN

YO: Hola, corazón.

CORAZÓN: Hola, humano.

YO: Quiero saber cuántos años vas a seguir latiendo.

CORAZÓN: No te lo puedo decir, es un misterio con el que tendrás que convivir.

YO: ...

CORAZÓN: Cuídame como si fuera tu único motor. La cantidad de kilómetros que hagamos no importa tanto.

YO: ¿Me avisarás cuando suceda algo importante?

CORAZÓN: ¿No te parece ya importante esta conversación?

CURIOSIDAD

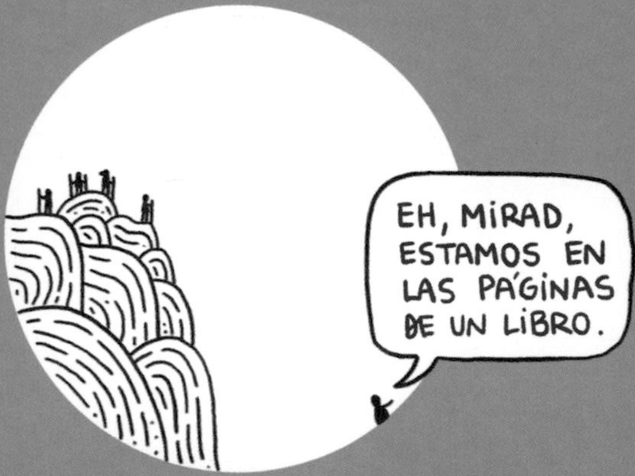
EH, MIRAD, ESTAMOS EN LAS PÁGINAS DE UN LIBRO.

ANTEPASADOS

Pregunté a mis abuelos por mis bisabuelos.
Visité los pueblos donde en su día vivieron.
Intenté saber a qué se dedicaban, cuáles fueron sus inquietudes.
Traté de llegar hasta mis tatarabuelos.
Conocer sus puntos de vista sobre las cosas.
Viajar en el tiempo.
Descubrir quién era yo, con qué genes contaba.
Si todo esto de escribir, dibujar e imaginarme cosas venía de alguno de ellos.
Y no di con mucha información.
Toda esta curiosidad se sigue quedando sedienta de detalles.
Así que formularé el juego al contrario: voy a dejar escrito, dibujado e imaginado todo cuanto pueda. Para que mis tataranietos, si algún día llega a picarles la curiosidad, lo tengan más fácil.

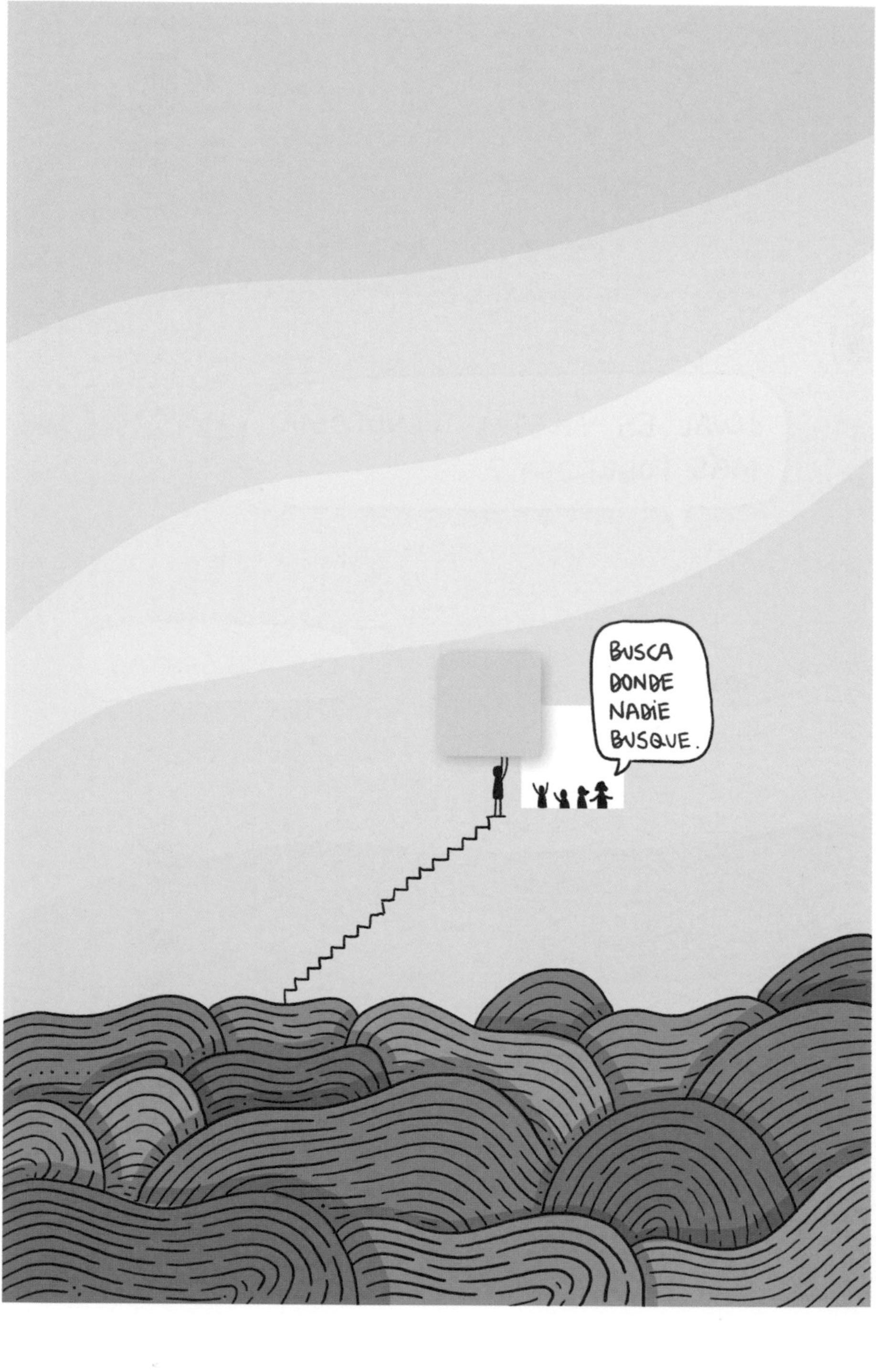
BUSCA DONDE NADIE BUSQUE.

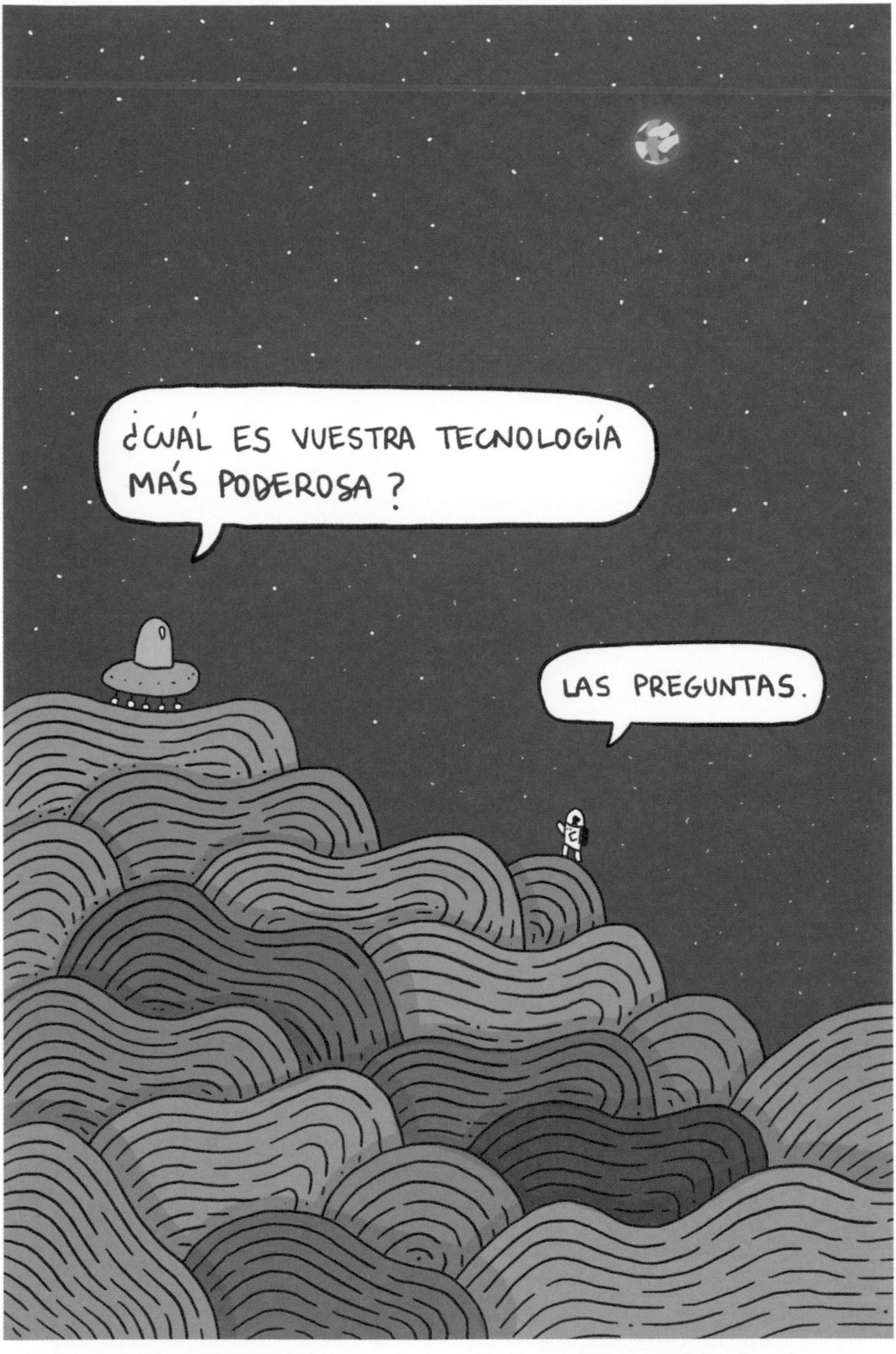
¿CUÁL ES VUESTRA TECNOLOGÍA MÁS PODEROSA?
LAS PREGUNTAS.

AMIGOS

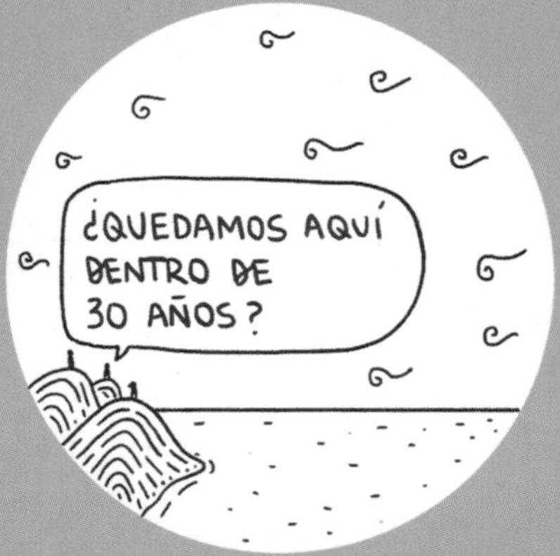
¿QUEDAMOS AQUÍ DENTRO DE 30 AÑOS?

FIN DE SEMANA CON AMIGOS

Un fin de semana con amigos siempre se hace corto.

Llegas un viernes al lugar en el que habéis quedado.

Os abrazáis, os veis cambiados —más delgados, más gordos—, os ponéis al día y cenáis. Os morís de risa.

El sábado por la mañana resucitáis, desayunáis, hacéis dos o tres actividades, coméis, os volvéis a morir de risa, descansáis, os contáis los planes para el futuro, recordáis a algún amigo que no está o que no podrá volver.

El domingo queréis congelarlo, pero se os escapa. Os hacéis miles de fotos, coméis fijándoos en cada detalle y os despedís hasta la próxima.

En vuestro grupo de WhatsApp recibís fotos y algún audio que resume todas las bromas de la reunión.

Ninguno escribe en ese grupo que la amistad es el mejor invento del ser humano.

JUGAR CON TUS AMIGOS
AL FÚTBOL SOBRE HIERBA
Y CON LOS PIES DESCALZOS.

JUGAR CON TUS AMIGOS
AL FÚTBOL SOBRE HIERBA.

JUGAR CON TUS AMIGOS
AL FÚTBOL.

JUGAR CON TUS AMIGOS.

AMIGOS DE UN DÍA

Conocí a una persona que solo podía ser tu amigo durante un día. Luego tú te convertías en un conocido, en una persona con la que habías tenido algo en común, pero no un amigo. Me sentí tan atraído por este personaje que decidí hacerme su amigo durante un día.

Me contó que era una especie de maldición, que no sabía el motivo por el que no simpatizaba con sus examigos cuando pasaba «el día». Pero que, por otra parte, había conseguido una rutina para poder explicar y normalizar su situación. Le daba mucha pena perder a tantos amigos en cuestión de horas, pero a cambio tenía esa facilidad para generar nuevas amistades en pocos minutos.

Yo le intenté contar que mis amigos eran fruto de muchas horas, muchos días, muchas experiencias y que pocas veces consideraba a alguien mi amigo con tan solo una tarde hablando de nuestras vidas. Él me contestó que estaba de acuerdo, pero que, debido a su condición, había agilizado todos esos procesos y se había entregado a la amistad como quien se aferra a un flotador salvavidas en medio del océano.

Nuestra conversación fue mezclándose con música, juegos, anécdotas, chistes, paseos por la playa y varias fotos y vídeos que nos hicimos para inmortalizar aquel día. Nos lo pasamos muy bien. Y con todas las dudas del mundo, nos emplazamos a volver a vernos en unas semanas, cuando él volviera de viaje. ¿Seríamos parte de su maldición? ¿Dejaríamos de llamarnos, nos olvidaríamos el uno del otro?

Por mi parte, intentaría luchar contra eso. Me había caído muy bien. Para tener recursos a mi favor, compartí con él todo el material audiovisual del día donde salíamos los dos juntos. Al verlo, seguro que se acordaría de nuestra amistad.

Han pasado tres años desde aquel día y seguimos quedando, hablando y compartiendo pedazos de nuestras vidas. No sé si hemos ganado a su maldición, pero yo le considero mi amigo.

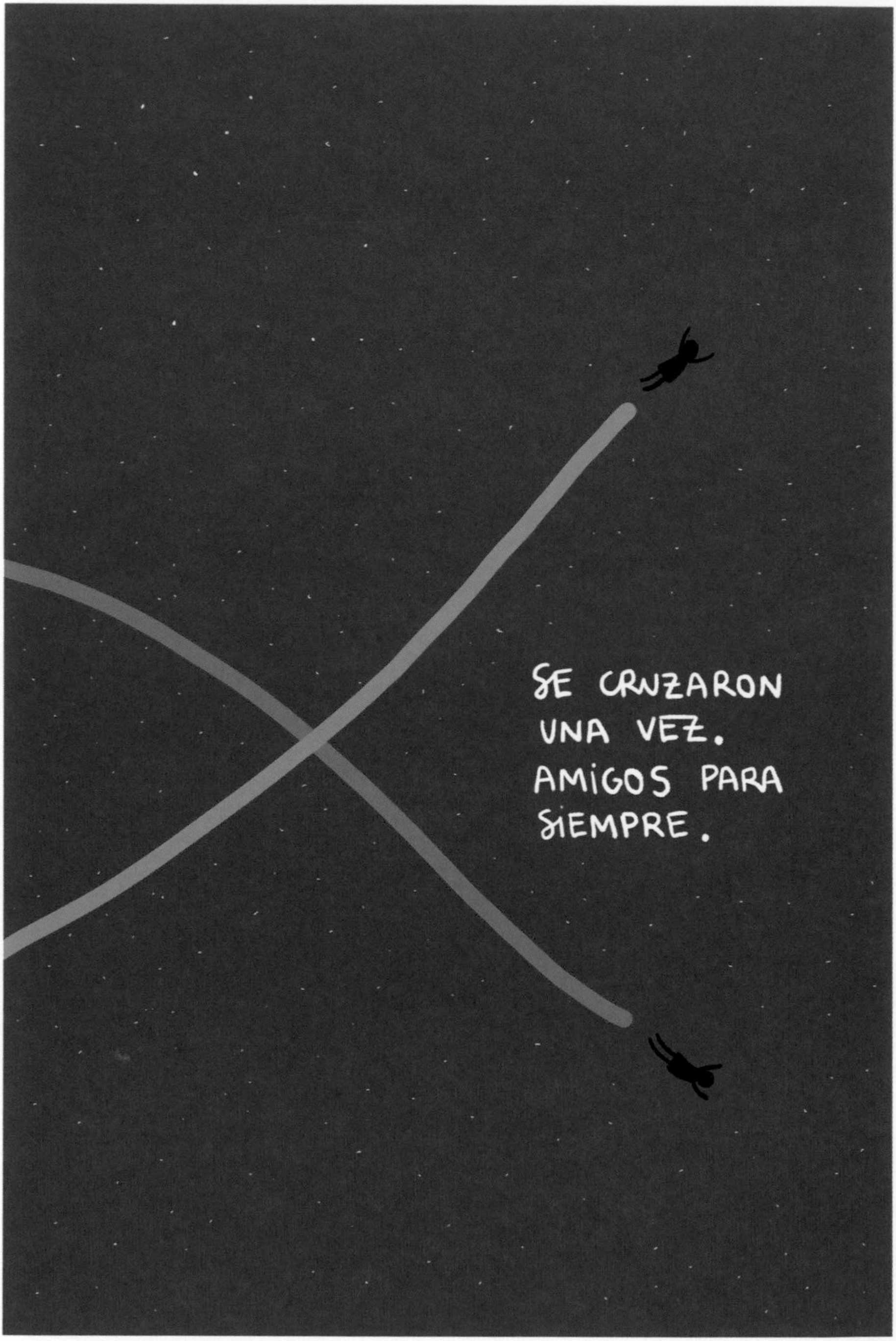
SE CRUZARON
UNA VEZ.
AMIGOS PARA
SIEMPRE.

AMIGO EN LETRAS PEQUEÑAS

Al principio es un chiste, o una recomendación.
Te llama la atención esa persona.
Os hacéis amigos.
Y os empezáis a conocer.
Cada vez más profundamente.
Te sabes hasta su número de zapato.
Sus miedos. Lo que le pasó en Japón.
Y es interminable.
Cada vez más y más interesante.

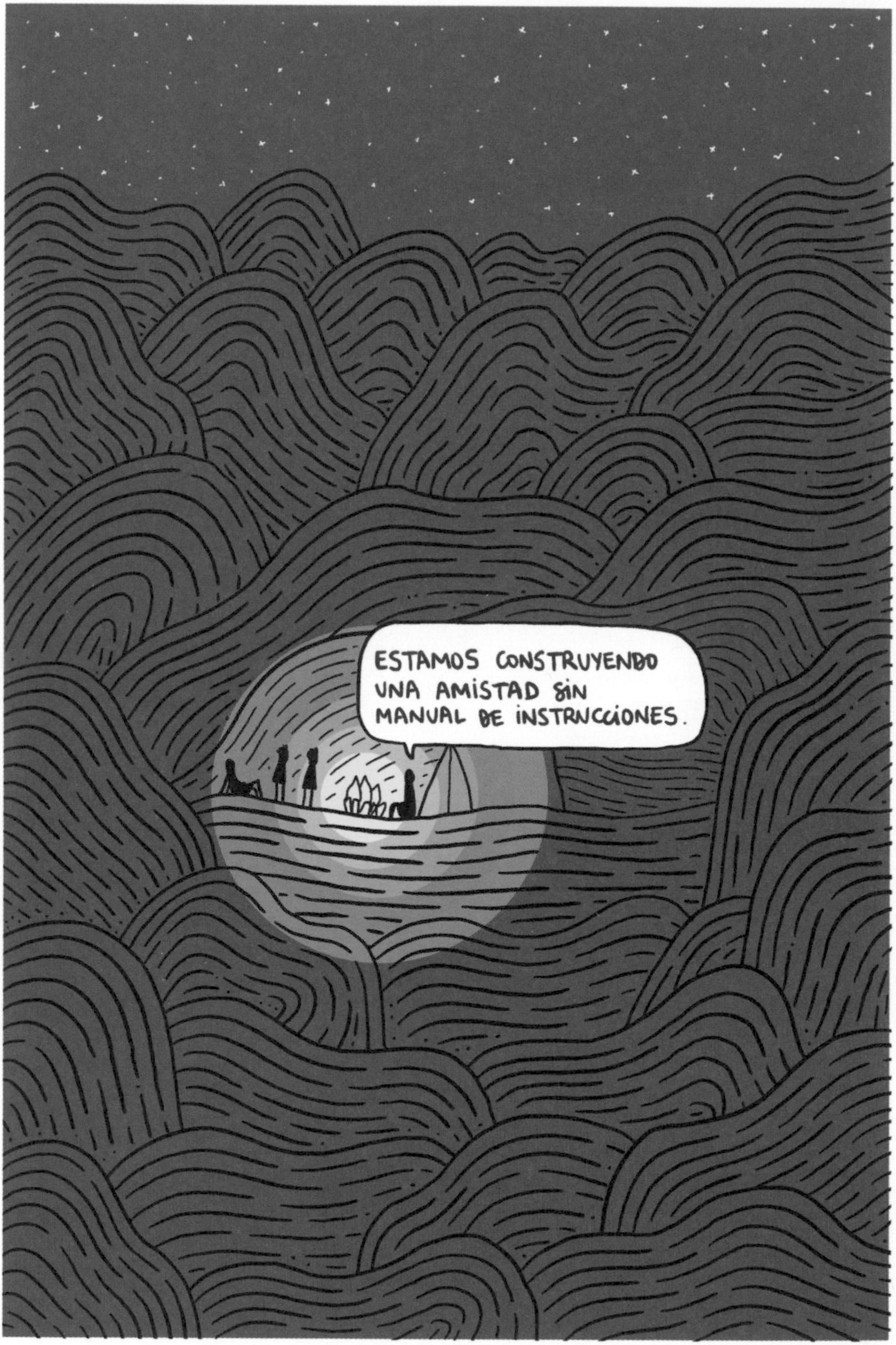
ESTAMOS CONSTRUYENDO UNA AMISTAD SIN MANUAL DE INSTRUCCIONES.

CERDEÑA

Llevo unas semanas recordando junto con un amigo unas vacaciones que disfrutamos en Cerdeña. No ha pasado demasiado tiempo, pero las cosas han cambiado tanto desde entonces que aquellas dos semanas pertenecen a otra vida.

Seguimos siendo amigos, pero ya no quedamos tanto.

Cuando nos encontramos por la calle (es así como nos hemos visto las últimas veces, cruzándonos por casualidad, no quedando expresamente), bromeamos con las mismas tonterías de siempre, nos ponemos al día rápidamente y nos emplazamos hasta el siguiente guiño del azar.

¿Por qué nos hemos distanciado tanto si nos lo pasábamos bien?

Me gustaría que dejáramos de recordar aquel viaje y comenzáramos a construir esa amistad, sin grandes viajes, si es necesario. Evitar el contacto esporádico y forzar que las cosas ocurran.

Espero que para cuando se publique este libro ya haya quedado contigo, Min.

Tenemos muchos campeonatos mundiales de waterpolo que retransmitir todavía.

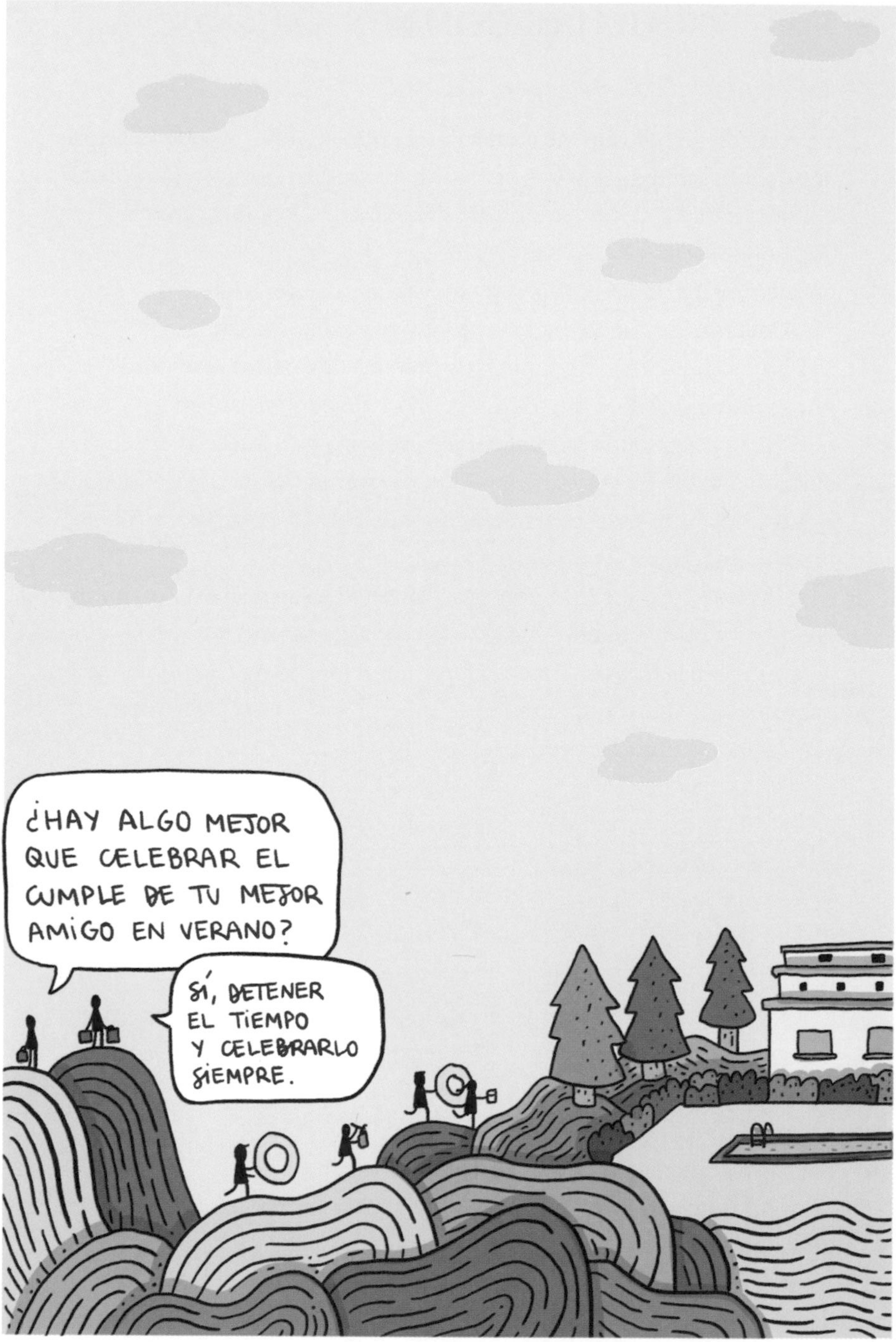
¿HAY ALGO MEJOR QUE CELEBRAR EL CUMPLE DE TU MEJOR AMIGO EN VERANO?
SÍ, DETENER EL TIEMPO Y CELEBRARLO SIEMPRE.

TRABAJAR CON MIS AMIGOS

Uno de los sueños que me gustaría cumplir es pasar un año acompañando a mis amigos en sus puestos de trabajo. Saber a qué se dedican de verdad y, sobre todo, estar más tiempo con ellos.

Poder estar un mes siguiendo los pasos de un enfermero: escuchar cómo les habla a los pacientes, ayudarle a levantar a una señora, conversar con él cuando tenga momentos de bajón.

Luego pasar otro mes por las carreteras de nuestra provincia conduciendo un autobús que lleva a cientos de personas desde los pueblos hasta la capital. Vivir en primera persona esas anécdotas que con el tiempo se convierten en antológicas, estar pendiente del reloj para cuadrar los horarios del servicio, aprender de mecánica, charlar sobre el clima, escuchar música en el autobús.

También me gustaría estar con mis amigos informáticos: aprender qué procesos son más eficaces, qué programas utilizan, cuáles son los errores más típicos; conocer a sus compañeros de trabajo, y escuchar a su jefe, que siempre muestra esa inteligencia emocional tan necesaria al tratar con los trabajadores

No me perdería por nada del mundo un mes entero surcando los cielos con mi amigo el piloto comercial de aviones: hablar con las torres de control de las ciudades europeas; fotografiar amaneceres, atardeceres, mares, montañas; admirar cómo un montón de toneladas se elevan en el aire gracias a unos inmensos motores que —casualidad— también los fabrica otro de nuestros amigos.

Y como está todo tan relacionado, pasaría otro mes con un amigo que trabaja en el aeropuerto dirigiendo las pasarelas para el acceso a los aviones. Veríamos a miles de personas transitar con sus historias, nos reiríamos de las anécdotas que siempre nos cuenta, fantasearíamos con los destinos a los que nos gustaría ir algún día.

Hay muchos más trabajos: gruista en una acería, investigadora en un laboratorio, ingeniera naval que diseña motores de barcos...

Seguro que encuentro un hueco pronto para vivir todas estas vidas con mis amigos.

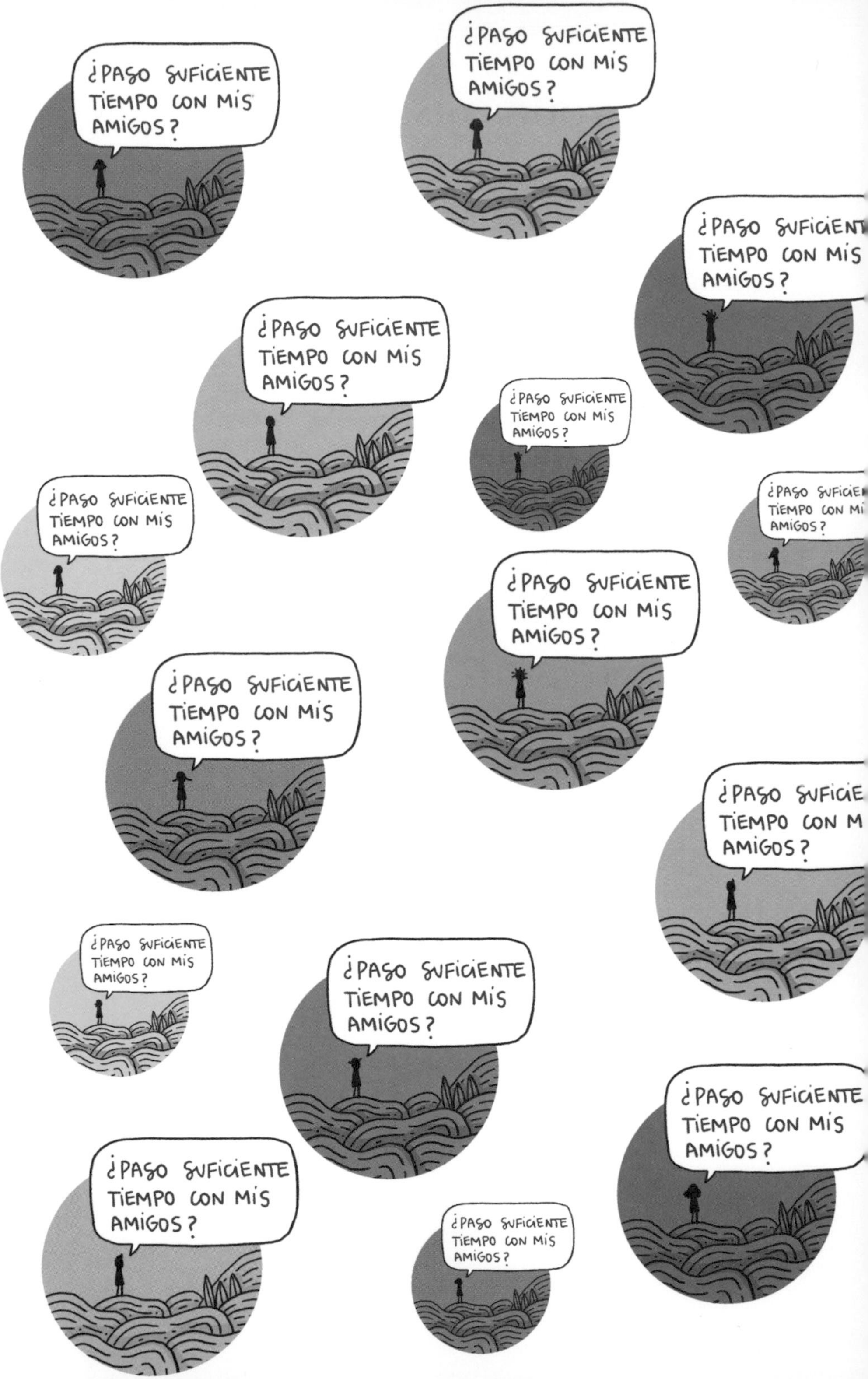
¿PASO SUFICIENTE TIEMPO CON MIS AMIGOS?
¿PASO SUFICIENTE TIEMPO CON MIS AMIGOS?
¿PASO SUFICIENT TIEMPO CON MIS AMIGOS?
¿PASO SUFICIENTE TIEMPO CON MIS AMIGOS?
¿PASO SUFICIENTE TIEMPO CON MIS AMIGOS?
¿PASO SUFICIENTE TIEMPO CON MIS AMIGOS?
¿PASO SUFICIE TIEMPO CON MI AMIGOS?
¿PASO SUFICIENTE TIEMPO CON MIS AMIGOS?
¿PASO SUFICIENTE TIEMPO CON MIS AMIGOS?
¿PASO SUFICIE TIEMPO CON M AMIGOS?
¿PASO SUFICIENTE TIEMPO CON MIS AMIGOS?
¿PASO SUFICIENTE TIEMPO CON MIS AMIGOS?
¿PASO SUFICIENTE TIEMPO CON MIS AMIGOS?
¿PASO SUFICIENTE TIEMPO CON MIS AMIGOS?
¿PASO SUFICIENTE TIEMPO CON MIS AMIGOS?

TODOS MIS AMIGOS

A veces pierdo la perspectiva y no sé el motivo original por el cual cierta persona y yo somos amigos. Si es porque estudiamos juntos, porque fuimos un fin de semana a Asturias y nos caímos bien y desde entonces nos llamamos para seguir viajando o si jugamos a baloncesto en la misma liga.

Pero lo que es mejor, y es lo realmente curioso, es que llego a pensar que todos mis amigos se conocen entre ellos. Esto es, que los amigos del colegio conocen todas las anécdotas y apodos de mis amigos del trabajo. O que los amigos de mi lugar de veraneo tienen el número de teléfono de los amigos con los que salgo a correr.

Todos viven, sin ellos saberlo, en un mundo sin límites. Una vez que me conoces a mí, conoces a mis amigos.

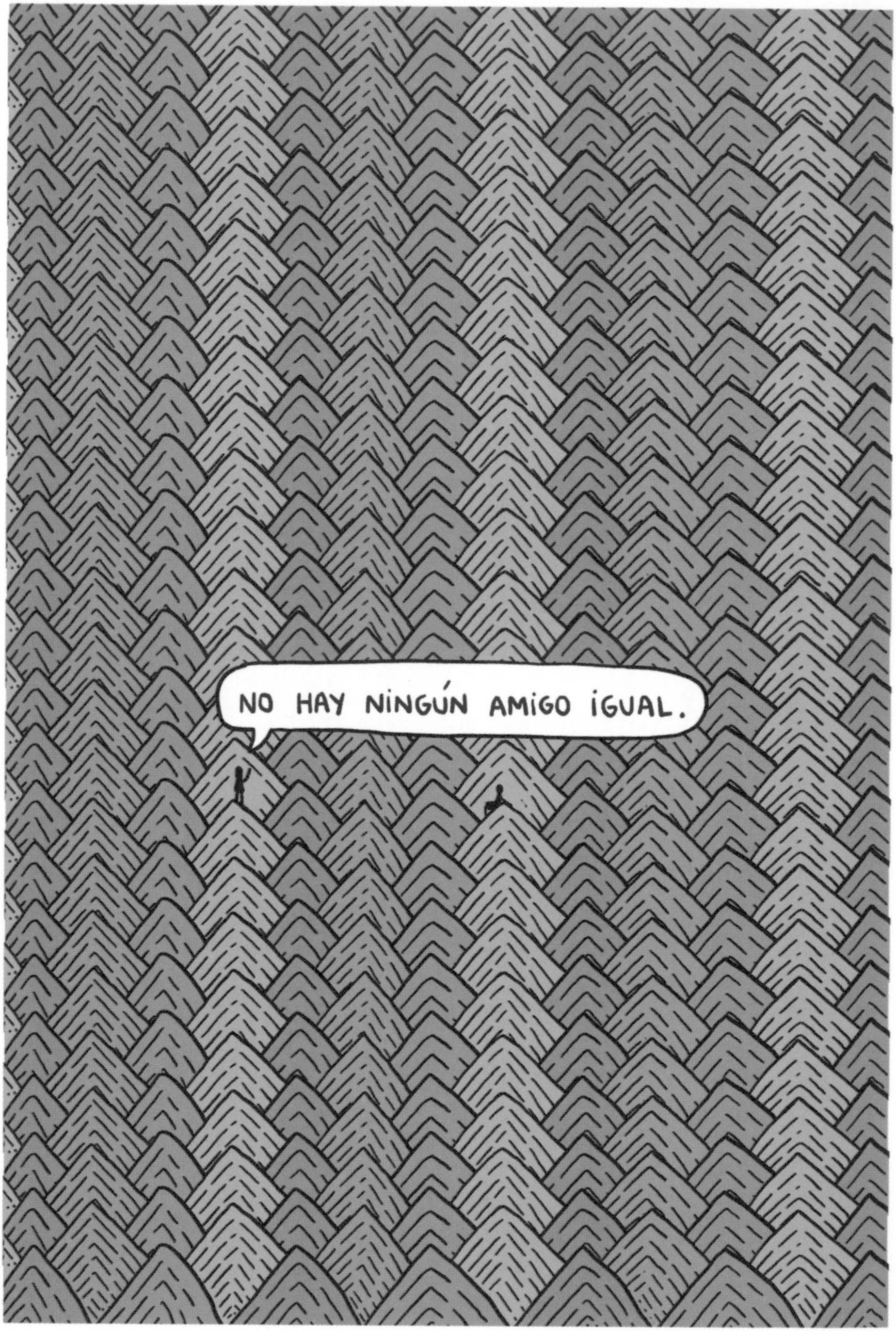
NO HAY NINGÚN AMIGO IGUAL.

AQUÍ, CONMIGO

Escribir estas páginas y no acordarme de mis amigos es casi imposible.

Me han entrado unas ganas inmensas de querer estar con todos ellos durante estos días en los que dibujo y escribo.

Me gustaría que se sentaran aquí conmigo y nos muriéramos de la risa mientras pensamos ideas; comer, ir a jugar a varios deportes, sentarnos a hablar, ver una peli, no hacer mucho más...

Antes de escribir este nuevo párrafo he escrito a varios de ellos contándoles la idea. La distancia hace casi imposible que nos juntemos pronto. Pero la intención y las ilusiones que nos hemos empezado a hacer ya no nos las quita nadie.

Los amigos son lo mejor que hay.

Escribe a los tuyos.

REÍR

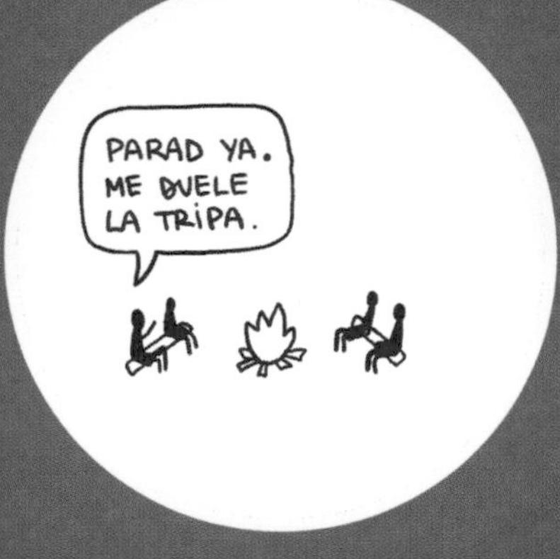
PARAD YA. ME DUELE LA TRIPA.

SALARIO DE RISA

Hubo un momento en mi vida laboral en el que me puse como condición principal reírme. Si no me reía a carcajadas era como si no me pagaran.

Imagínate lo bien que me lo pasaba. Tenía a mi lado a otras siete personas que también habían hecho ese pacto consigo mismas, a juzgar por su actitud en la oficina. Nunca hablamos de esto, pero había tan buena conexión que se daba por hecho.

Los días eran un delirio. Risas de jijiji que acababan en jojojojo y luego jajajaja, dolor en los abdominales y lágrimas. Risas que contagiaban más risas que contagiaban más risas y que nos llevaban a lugares exóticos, como el mejor de los cruceros. Incluso nos dio por hacernos fotos en las que deliberadamente salíamos riéndonos.

Sería capaz de ganar la mitad de dinero si tuviera risas aseguradas todos los días. Incluso pagar el doble por un café si el camarero viniera riéndose y me contara el motivo.

¿Hay algo más barato que una carcajada?

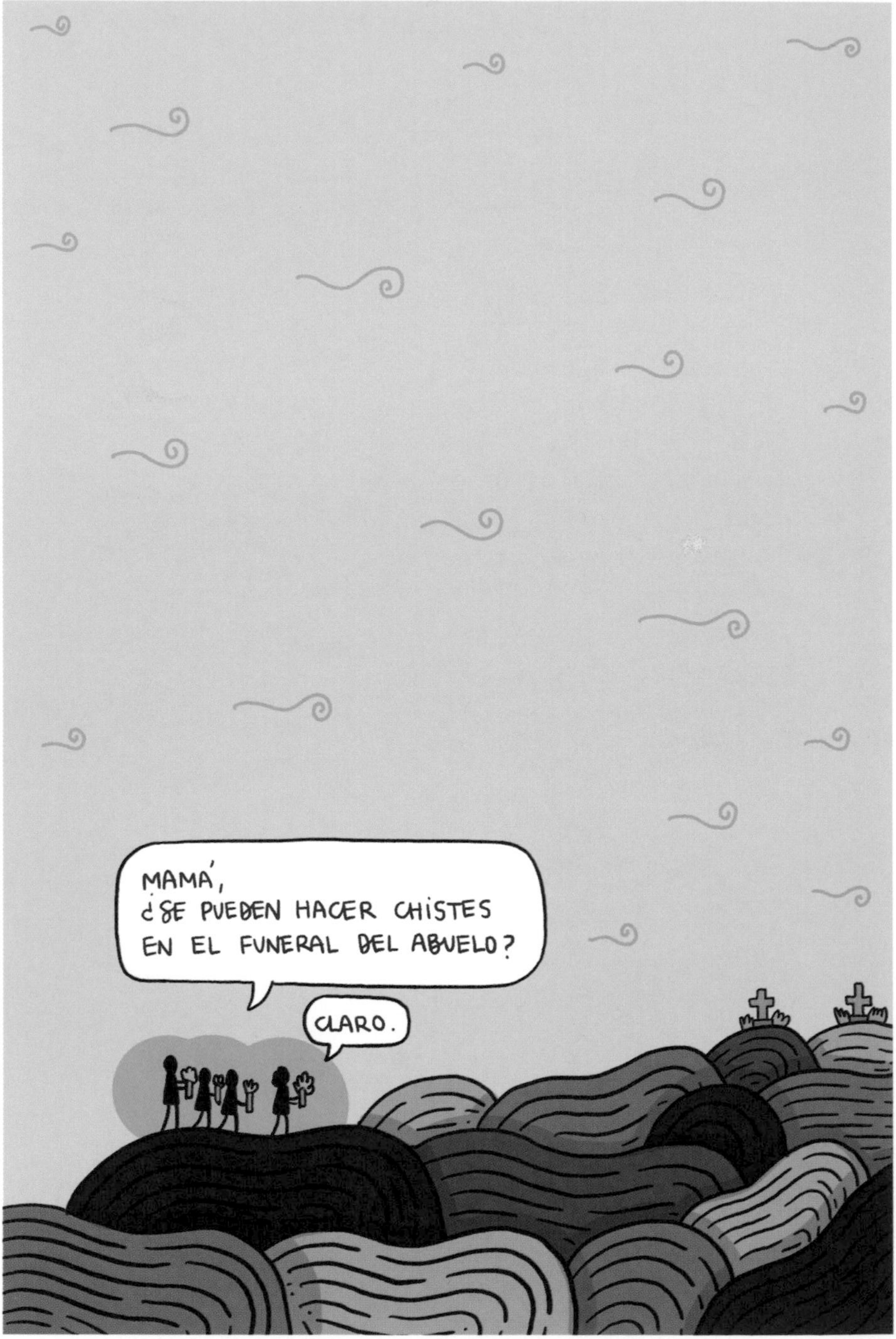
MAMÁ,
¿SE PUEDEN HACER CHISTES EN EL FUNERAL DEL ABUELO?
CLARO.

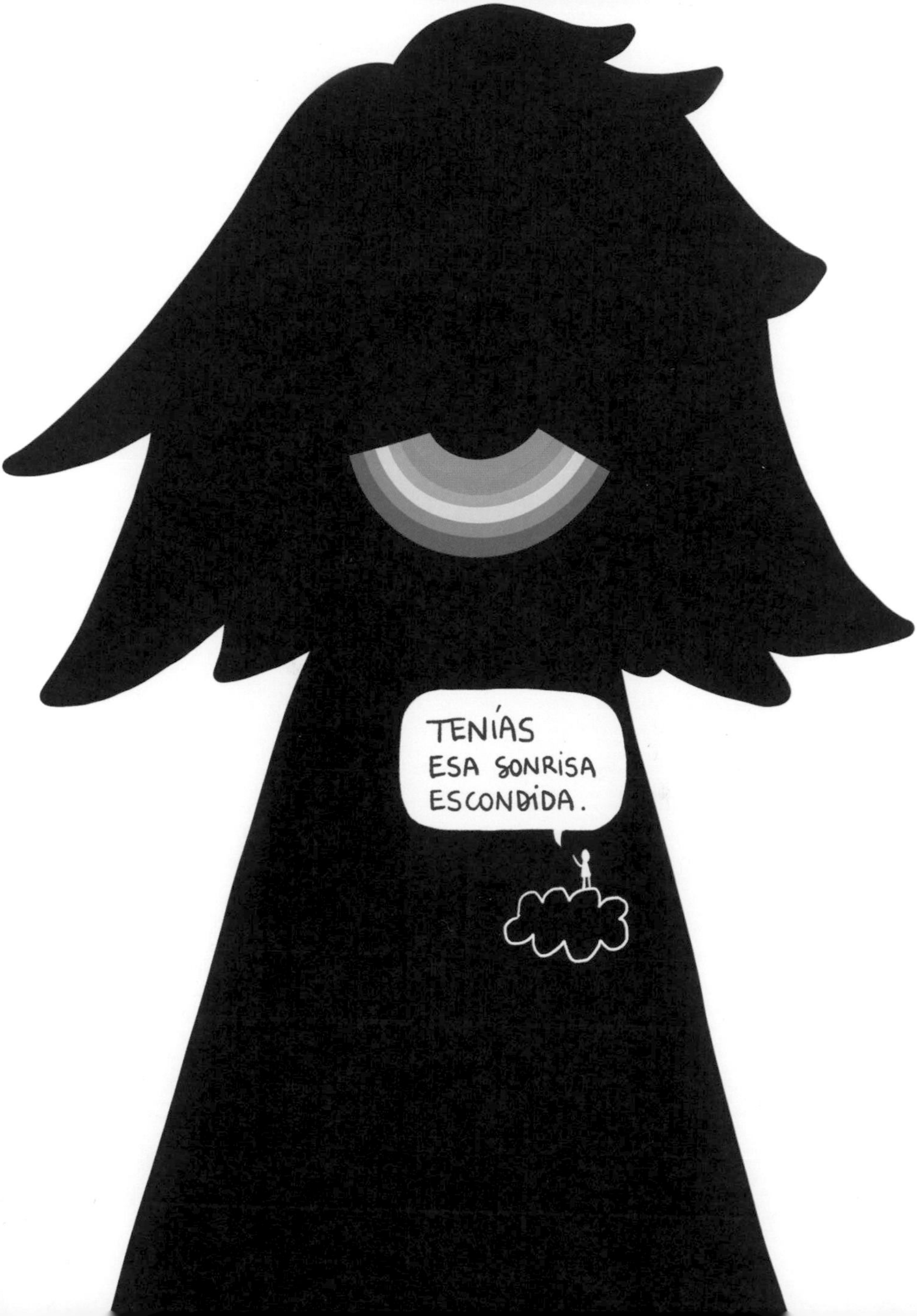
TENÍAS ESA SONRISA ESCONDIDA.

MORIR

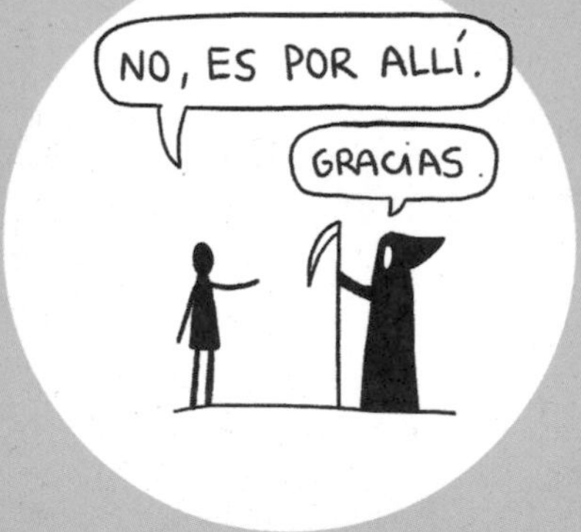
NO, ES POR ALLÍ.
GRACIAS.

LA MUERTE Y SUS ENVIADOS

Todo ese tiempo que pierdes con gente, cosas, lugares o actividades que no te gustan no vuelve.

Es como si la Muerte tuviera sus enviados especiales en la Vida para que no vivamos. Un plan para quitarle protagonismo.

Así que cada vez que alguien te diga que ha visto a la Muerte, créetelo. Seguramente haya estado en alguna reunión larga, sufriendo con la compañía de alguien detestable o en una situación similar.

Tenemos que vivir cuanto más, mejor. No en cantidad de años, sino en calidad.

Si ves a la Muerte o a alguno de sus enviados, acuérdate.

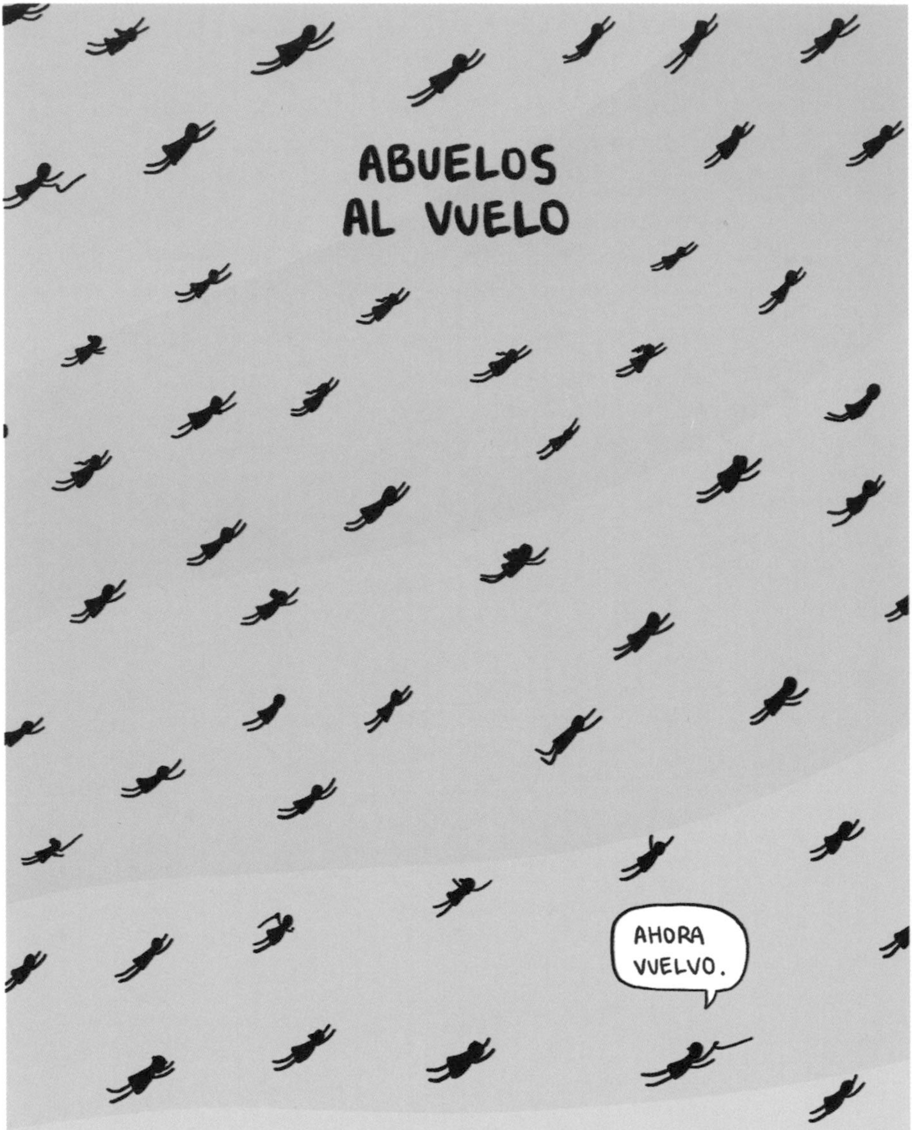
ABUELOS AL VUELO
AHORA VUELVO.

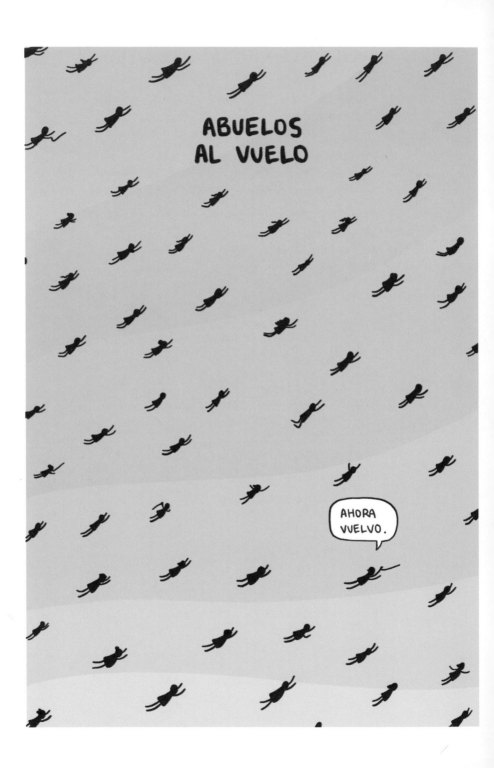

HOLA, ENFERMEDAD

Hola, enfermedad:

Te escribo una notita rápida en este libro porque sé que lo vas a leer.

Llegarás sin avisar, te insultaremos y trataremos de eliminarte.

Como verás, tengo una familia muy unida, amigos que me protegen y ganas de vivir todo lo que hay en esta vida.

Tú trabajas para la Muerte y ganáis siempre.

Estaré preparado cuando llegues.

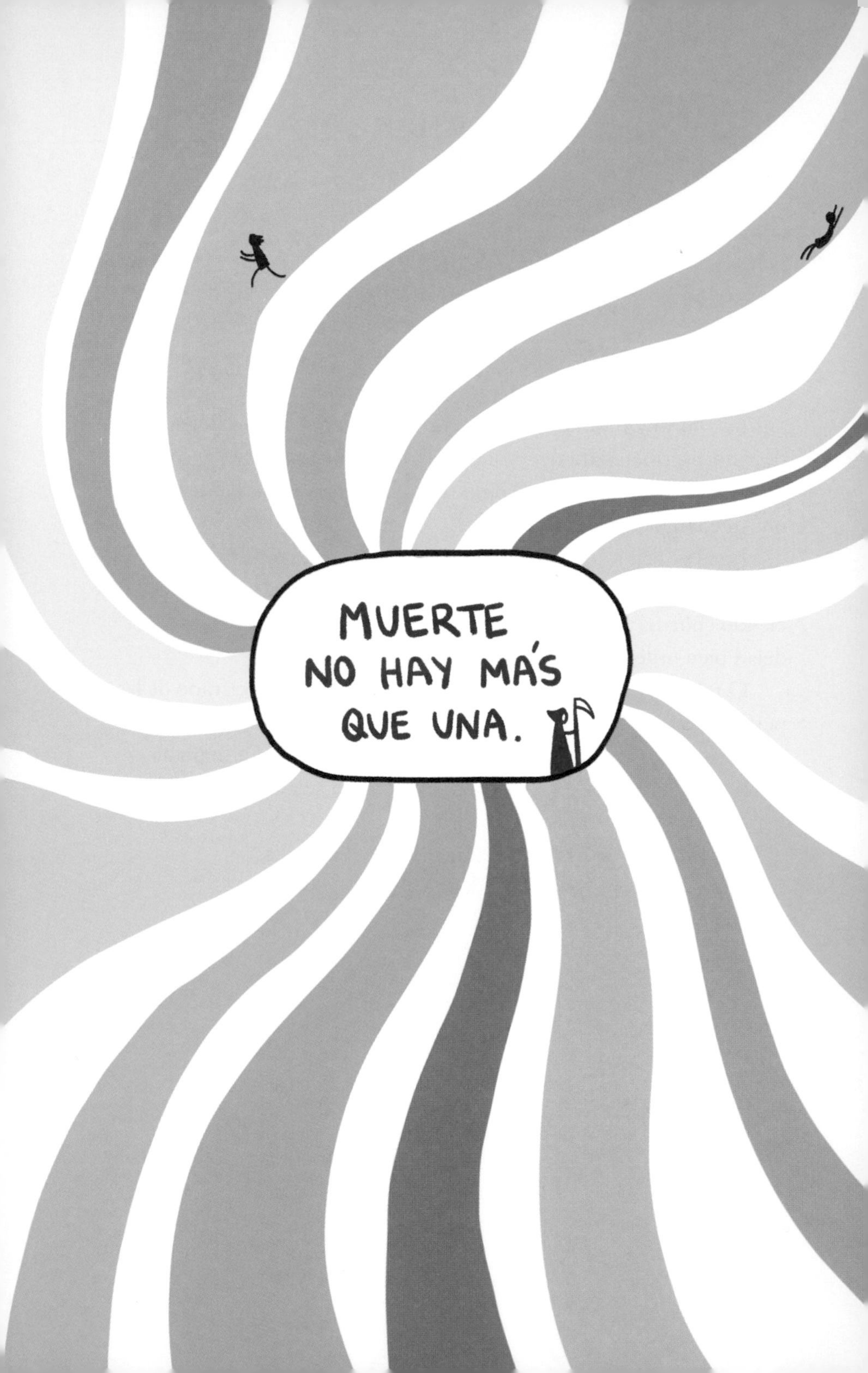
MUERTE NO HAY MÁS QUE UNA.

ESCRIBIR

Creo que cuando nos morimos, adonde sea que viajan nuestras almas o sentimientos (o pase lo que sea en lo que creas que pasa cuando morimos), nos dejan escribir una carta para contar que hemos llegado bien.

A mucha gente le cuesta llegar porque no está claro si tienen que ir al cielo o al infierno, o si se van a reencarnar en otra persona, en un animal, en una montaña o en un número. Pero cuando llegan a su destino, escriben para decir que están bien donde están.

Ahora, lo que no sé es cómo nos llegan esos mensajes a los que nos quedamos con vida.

Igual el pájaro que estoy escuchando trinar ahora mismo a través de la ventana está diciendo: «Mariluz llegó ayer al cielo y está haciendo churros para todos. Viaje corto y cómodo. Os quiere a todos, dejad bien ordenada la casa que os dejó en herencia».

O tal vez la lluvia que cayó anoche era un mensaje cifrado de las personas que murieron ayer mismo.

¿Y si la noticia que no has leído en el periódico esta mañana estaba escrita por un familiar contándote que ya se ha reencarnado en periodista?

Tenemos que prestar atención a lo que nos rodea.

Nos están mandando mensajes todo el tiempo.

Eso me deja tranquilo.

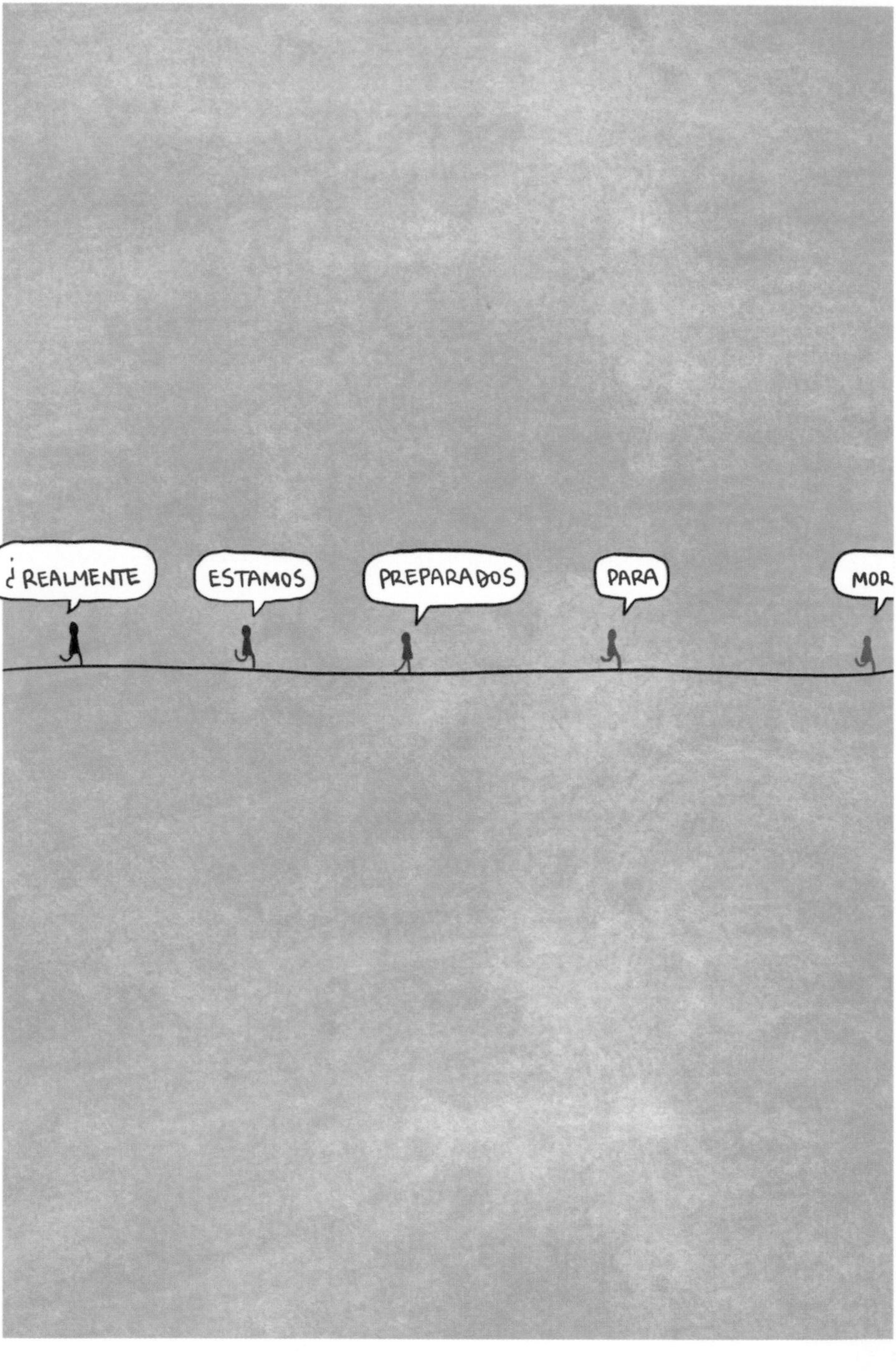
¿REALMENTE
ESTAMOS
PREPARADOS
PARA
MOR

VER MORIR A ALGUIEN

Ver morir a alguien lentamente es lo más doloroso a lo que me he enfrentado.

Sabes que va a suceder, pero no quieres aceptarlo.

Te acercas a la persona que fallecerá y los abrazos tienen otro significado, las conversaciones tienen tres niveles de lectura y los minutos juntos son lingotes de una cosa más valiosa que el oro.

Escuchar de su boca un «no me quiero ir» es una bomba atómica.

Reírnos de los chistes que nos hacemos es tan doloroso como gracioso.

Cuidar del más mínimo detalle para que lo que quede de su vida sea perfecto es el amor más delicado.

Guardo esos cuarenta últimos días como la clave para que mi vida sea mejor.

Un recordatorio de las cosas que importan.

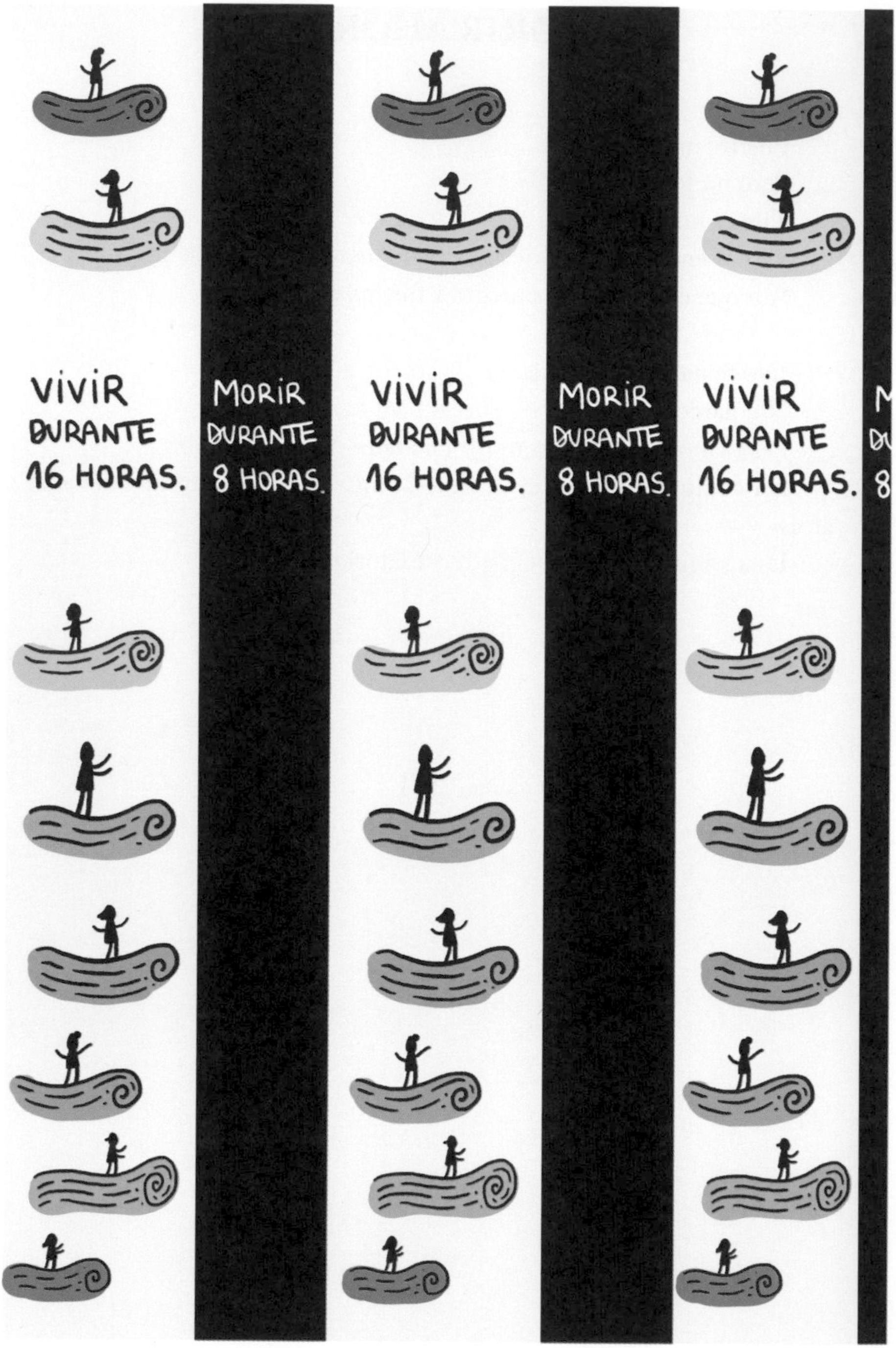
VIVIR DURANTE 16 HORAS.
MORIR DURANTE 8 HORAS.
VIVIR DURANTE 16 HORAS.
MORIR DURANTE 8 HORAS.
VIVIR DURANTE 16 HORAS.

MORIR AHORA

Puedes morirte ahora.
Pero no te has muerto.
Tienes unos segundos más de vida.
Sigues leyendo estas líneas, así que tienes más y más vida.
Aunque en realidad es menos y menos vida.

¿No te has muerto todavía?
No, parece que no.
Pero sabes que te vas a morir en algún momento, ¿no?
En cualquier instante, ya sabes: «hasta aquí, y no hay vuelta atrás».
Esta página es un pequeño recordatorio.

AMOR

ESTO TIENE
QUE VERLO
CON SUS
OJOS.

UN BESO

Un beso se da con los párpados cerrados, pero con los ojos abiertos.
Para ver a quién se lo das.
Para no equivocarte.
Para mirar lo que hay en la habitación, el parque o el aeropuerto en el que estáis.
Y recordarlo con todos esos pequeños detalles.
Para presenciar en directo ese espectáculo que es querer.
Para cruzar tu mirada con la suya, porque la otra persona también está dándote el beso con los párpados cerrados, pero con los ojos abiertos.

EN ALGÚN PUNTO
SE ENCONTRARÁN.

RESPIRAR

Escuchando una de sus respiraciones, él sabía perfectamente lo que ella quería decir.

«Todo está bien», «Hoy solo ceno ensalada y yogur», «Tenemos que llamar al fontanero para arreglar el goteo del grifo del baño de los niños»...

Esta habilidad la habían cultivado durante años, desde que empezaron a salir.

Al principio fueron miradas. «Esa peli no la vemos ni locos», «Vámonos de aquí, no me estoy divirtiendo»...

La gente que los conocía decía que hablaban poco. ¿Quién quería hablar si todo se lo decían con miradas?

Pasaron los años, viajaron mucho y empezaron a sentir como el aire que salía de sus pulmones eran letras ordenadas que contaban historias. Era muy gracioso, porque no se equivocaban. Respiraba una y el otro le traía un café con galletas. Respiraba él y ella reservaba los vuelos para Menorca.

Había mucho silencio.

Mucha paz.

Mucha comprensión.

Y todo lleno de significado.

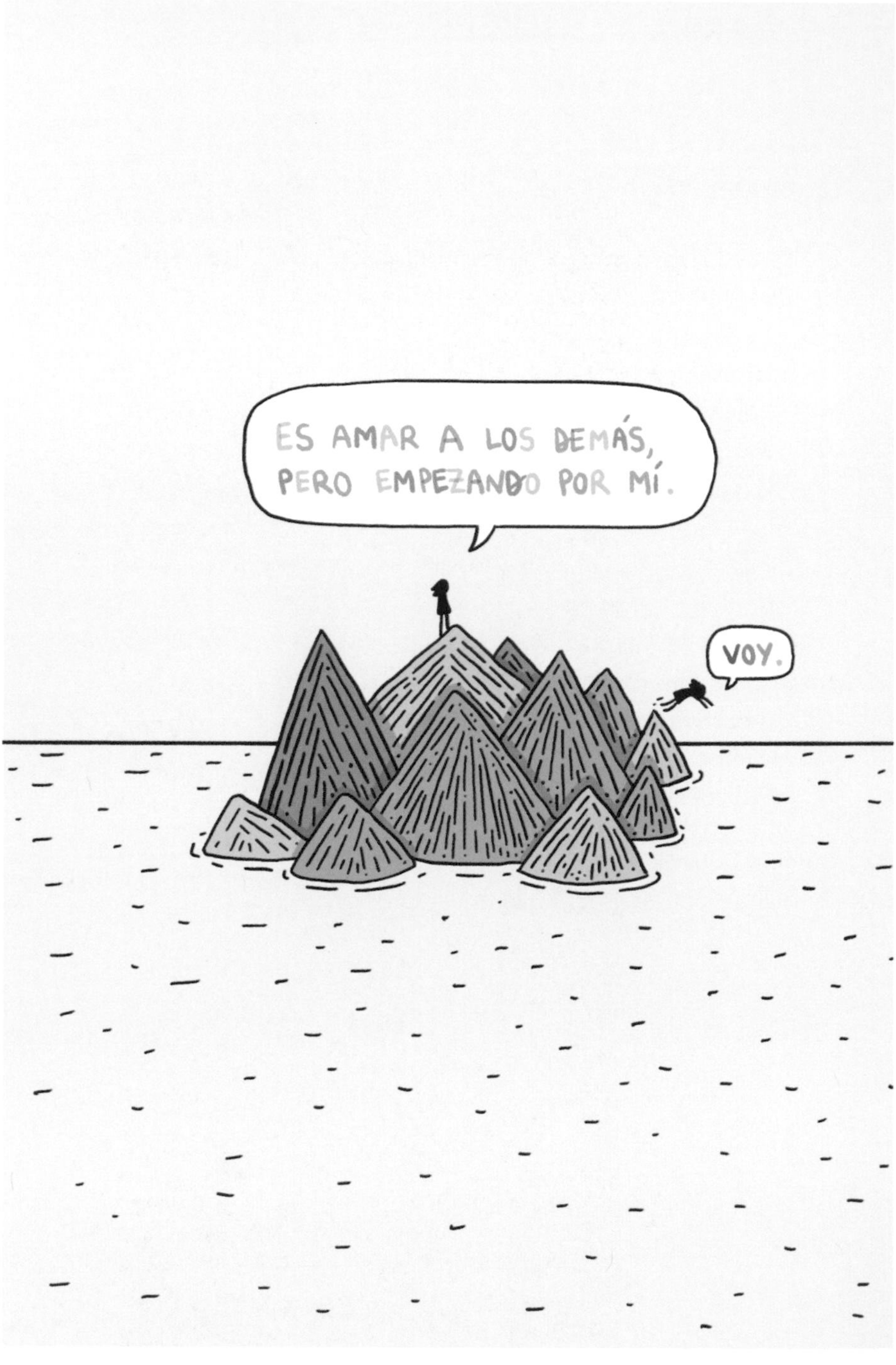
ES AMAR A LOS DEMÁS, PERO EMPEZANDO POR MÍ.
VOY.

CARTA A LA GENTE QUE ESCRIBE CARTAS DE AMOR

Queridísimas personas que escribís cartas de amor:

Adoro lo que hacéis y envidio vuestra capacidad para plasmar sobre el papel los sentimientos más elevados de la forma más sencilla y clara. Pero quiero que sepáis algo.

El amor es un tema muy sugerente, pero, aparte de invocarlo, hay que demostrarlo.

Con algo más corriente que un regalo en el día de vuestro aniversario o una cena a la luz de las velas. Probad con un «sí», con un «voy yo a recoger a los niños, tú quédate tranquila leyendo» o con un «vamos a dar un paseo, papá». Eso también es amor.

Seguramente existan pocas cartas en las que la temática gire alrededor de una bolsa de la compra o de la elección de una tela para tapizar un sofá antiguo.

Las partículas del amor están en esas cosas pequeñas. Tan pequeñas como las piedras preciosas que nos venden en las joyerías; lo que pasa es que esas a las que yo me refiero no se pueden comprar.

Ojalá incorporéis estas observaciones en vuestra próxima propuesta.

Os leeré gustosamente, porque creo que el amor merece ser explicado mejor.

Un afectuoso saludo,

UN LECTOR DE VUESTRAS CARTAS DE AMOR

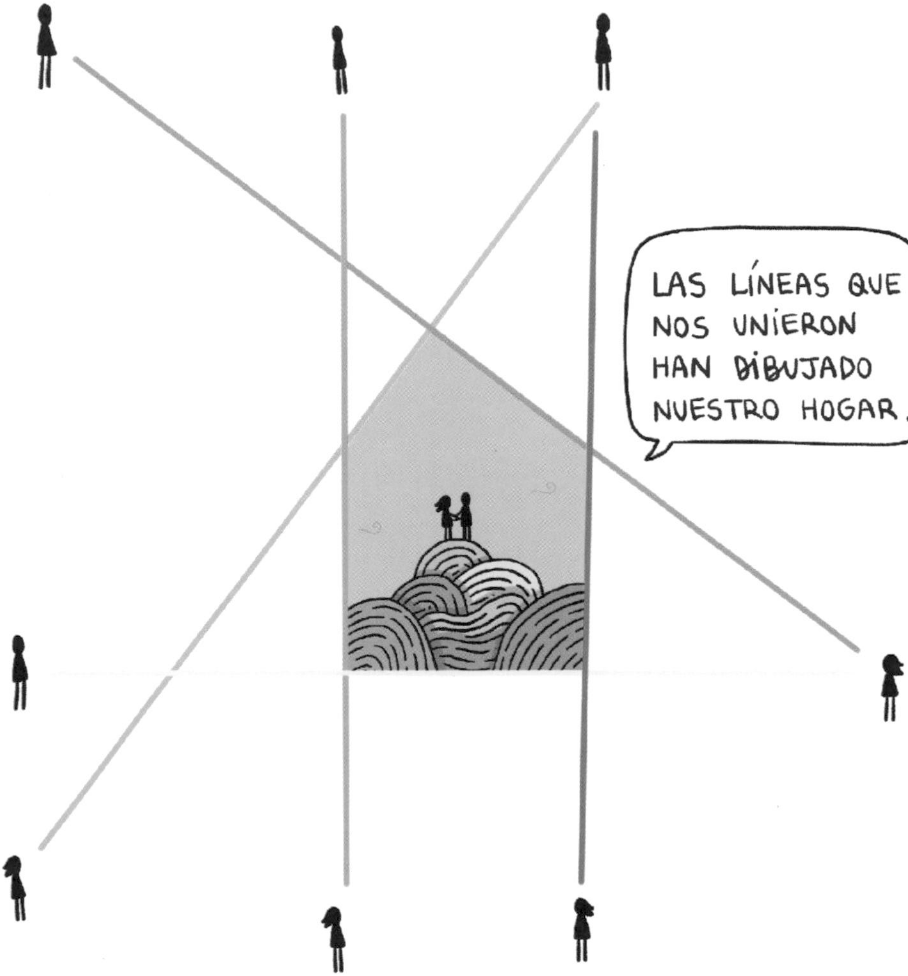
LAS LÍNEAS QUE NOS UNIERON HAN DIBUJADO NUESTRO HOGAR.

BALONCESTO CON MI HERMANO

En 2003 mi hermano y yo nos grabamos jugando un partido de baloncesto uno contra el otro en las instalaciones de nuestro colegio. Durante años esa era nuestra máxima aspiración: jugar y competir mientras imitábamos las jugadas y movimientos de nuestros jugadores favoritos.

El vídeo está colgado en YouTube y en él se puede ver un buen diálogo de canastas. Como documento deportivo o cinematográfico no tendrá mucho valor, pero yo, cada cierto tiempo, me asomo a él para revisar cómo éramos y con qué poco teníamos suficiente: una cámara, un balón, una canasta y nosotros dos.

Desconozco qué habrán pensado las 779 personas que también han visto este vídeo hasta el día de hoy. Para mí es la mejor muestra de amor entre dos hermanos.

Ojalá en 2023 volvamos a jugar el mismo partido en el mismo lugar.

Porque lo importante no ha cambiado.

El título del vídeo es «Oscar VS Pablo - Colegio Vizcaya 2003», por si lo quieres ver.

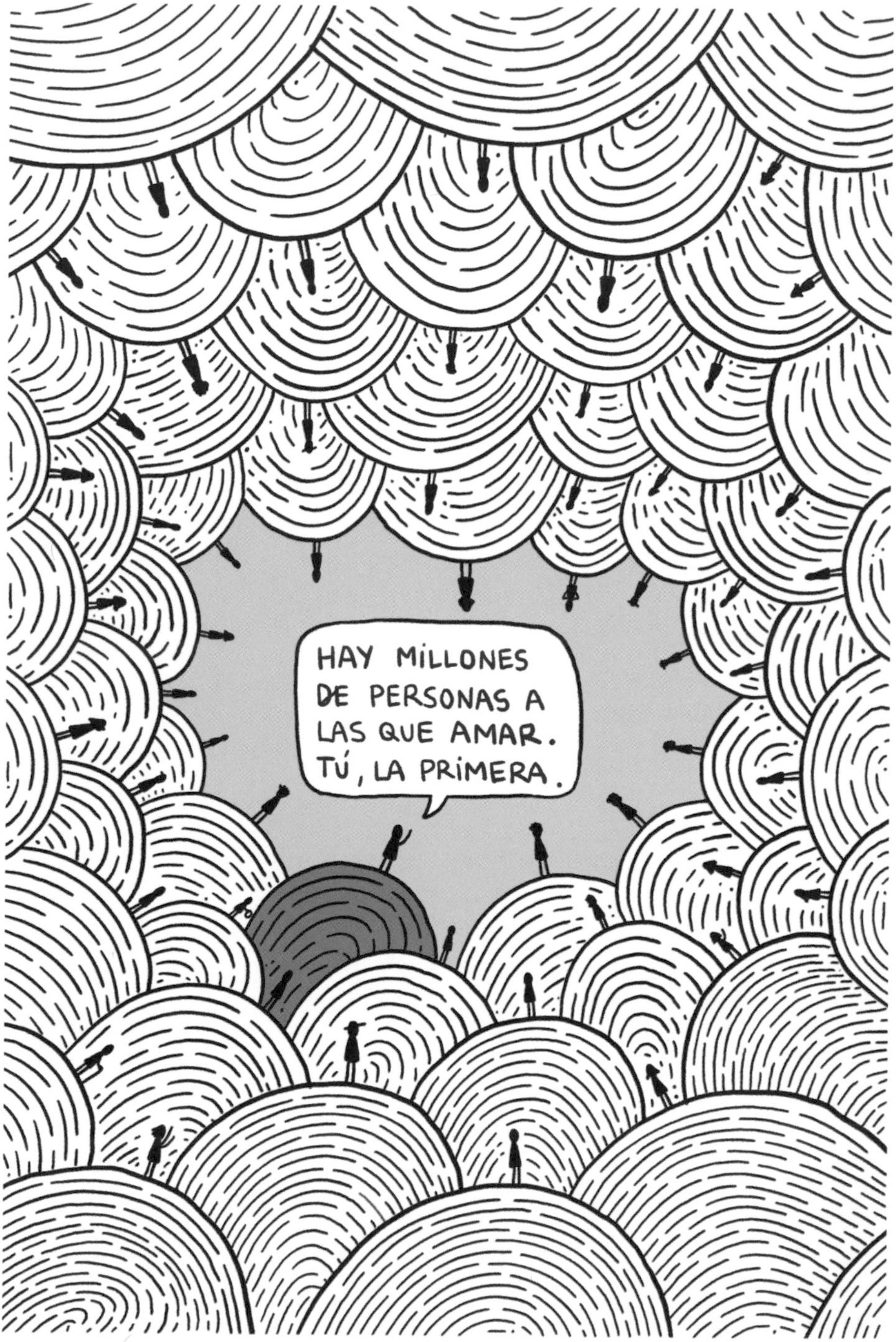
HAY MILLONES DE PERSONAS A LAS QUE AMAR. TÚ, LA PRIMERA.

DESPEDIDAS

¿Habrá escrito alguien sobre el amor a las despedidas? Seguro que sí, es algo tan placentero y tan lleno de vida que no es un tema tan original.

Me refiero a ese ADIÓS, con mayúsculas, que dices cuando te vas de un sitio donde no te quieren, no estás a gusto o te genera rechazo. Esa despedida, estudiada, es una victoria, una puerta a la libertad total. Una declaración de amor hacia ti como pocas en la vida.

Puede haber sonrisas, miradas de seguridad, incluso pueden existir dudas.

Pero ese no mirar hacia atrás es poesía.

Hay lugares, personas y momentos que se merecen despedidas.

Anteponer tu vida a esas situaciones.

Meter los gritos y las tensiones en una maleta y no llevártela cuando cruces la puerta.

Tú sales sin equipaje.

Tan solo una decisión: ADIÓS, no amo esto que me habíais propuesto.

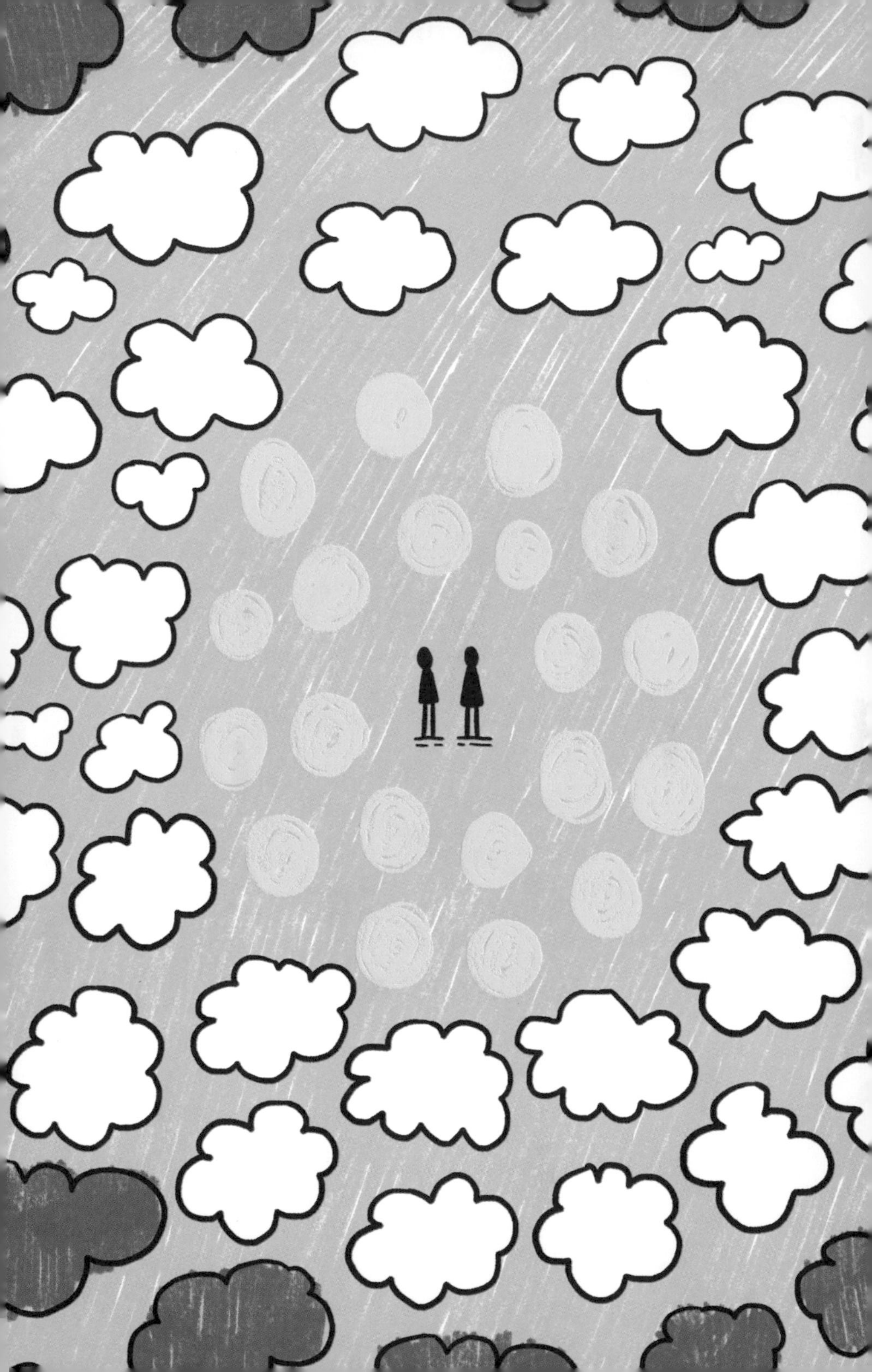

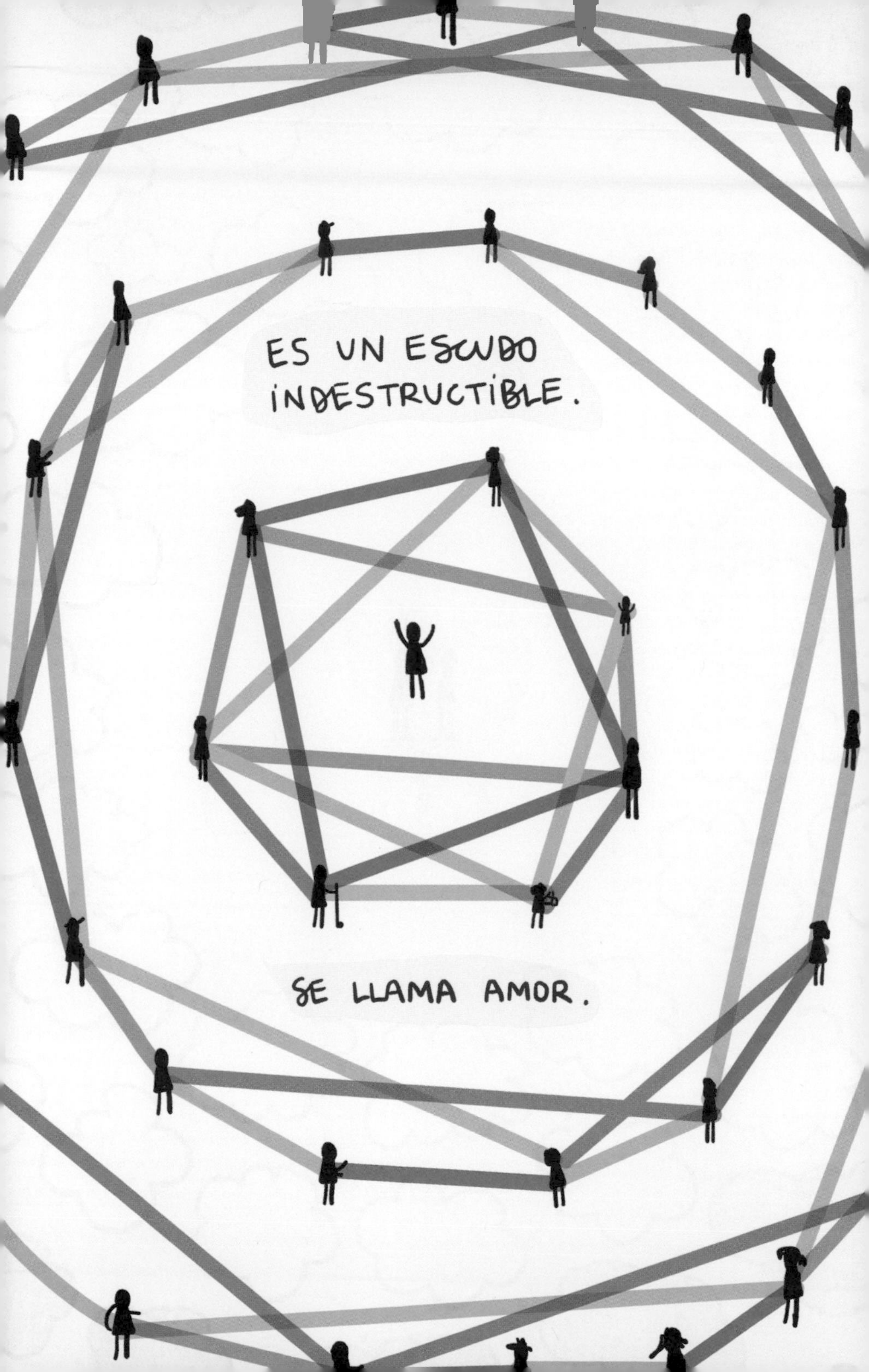
ES UN ESCUDO INDESTRUCTIBLE.
SE LLAMA AMOR.

MIRA, NO HAN TARDADO MUCHO.

LA MAYOR MUESTRA DE AMOR

¿Cuál es la mayor muestra de amor?
¿Mandar construir un edificio en su nombre?
¿Esperar a esa persona a la salida del instituto?
¿Cruzar un océano para reencontrarse?
¿Leer al mismo tiempo un libro para poder comentarlo como una película?
¿Turnarse al volante en un viaje largo en coche para poder descansar?
¿Callar?
¿Decirlo?
¿Dejar una nota en la nevera?
¿Mandarle un mensaje al teléfono a media mañana sin que se lo espere?
¿Cuál?
¿Es necesario que sea la más grande?

PRESENTE

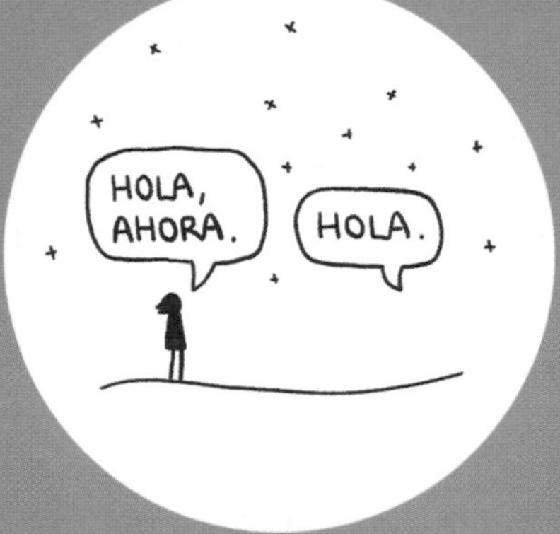
HOLA, AHORA.
HOLA.

LA MANZANA

Me estoy comiendo una manzana.

Está fresca y es sabrosa.

Miro la pegatina que tiene en un lado y me pregunto dónde estará ese sitio. De dónde vendrá la manzana.

Me pongo a buscar en internet.

Calculo la ruta desde mi casa hasta el posible lugar de donde viene esta manzana.

Pienso que estaría bien hacer una viñeta de esa aventura.

De cómo una pieza de fruta motiva un viaje lleno de historias.

Imagino los colores que llevará cada uno de los cuadros de este nuevo cómic que se me acaba de ocurrir. Serán verdes, amarillos y rojizos.

Trato de adivinar si esto le interesará a alguien o si es una locura.

Y de repente caigo en el pensamiento más elocuente:

¿Por qué no me limito a comer la manzana y saborearla?

¿No puedo estar cinco minutos tranquilito degustándola?

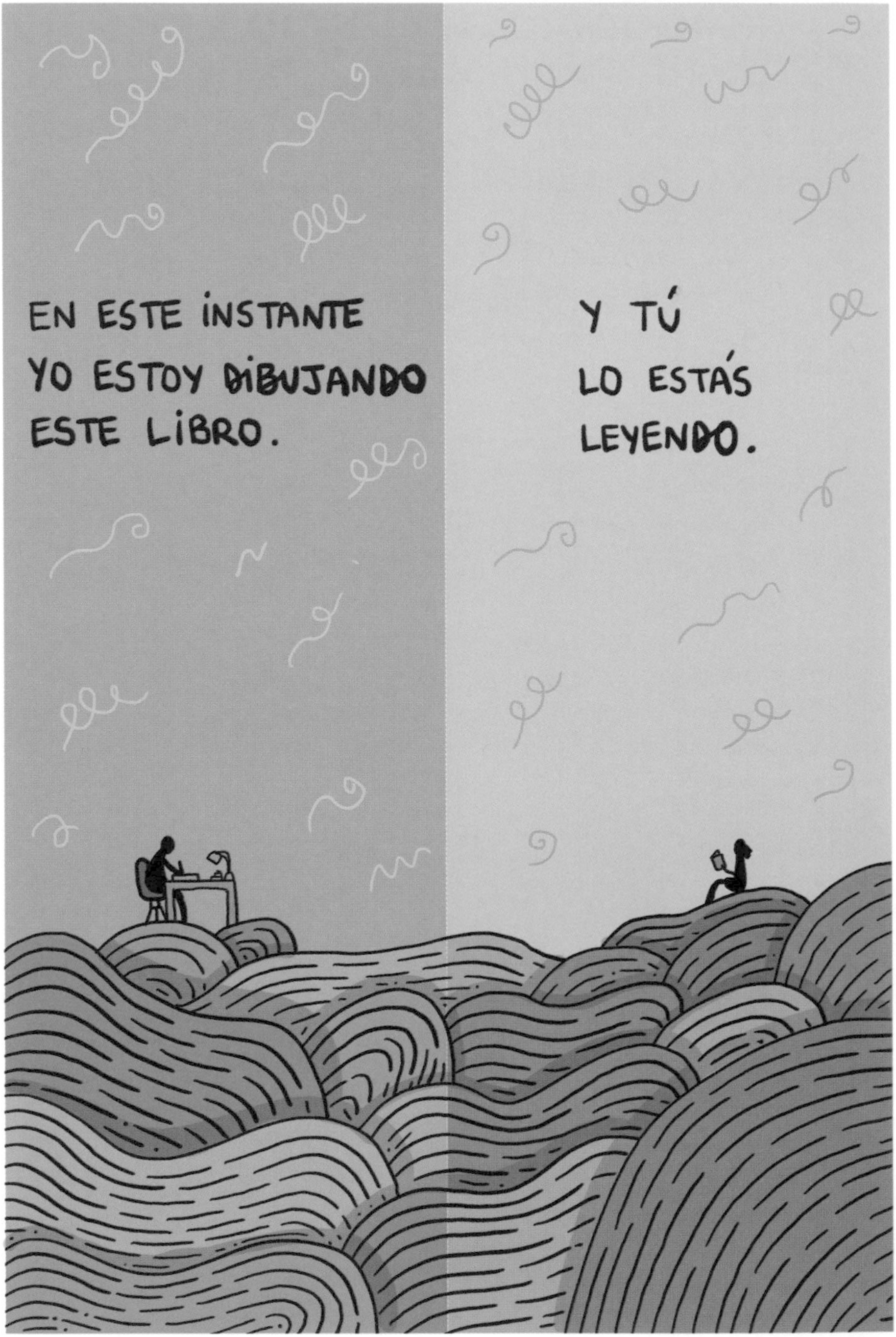
EN ESTE INSTANTE
YO ESTOY DIBUJANDO
ESTE LIBRO.
Y TÚ
LO ESTÁS
LEYENDO.

CÓMO DESMONTAR UN PROBLEMA

Respira diez veces.

¿Ves? El problema ya tiene una grieta.

Pide ayuda.

Eso hará que la grieta sea más profunda.

Pregúntate si el problema realmente es un problema.

Eso generará dudas existenciales al problema, que es débil psicológicamente.

Piensa cuánta gente ha pasado por aquí y cuántos lo han superado.

El problema tiene grietas, dudas y es cada vez más pequeño.

No pienses en el problema durante una hora.

El problema, pobrecillo, se sentirá solo.

Ármate de valor, mírale a los ojos (los problemas tienen ojos) y dile: «Estoy trabajando en la solución. No existes más».

Y puede que no desaparezca, pero no va a querer estar mucho más tiempo contigo.

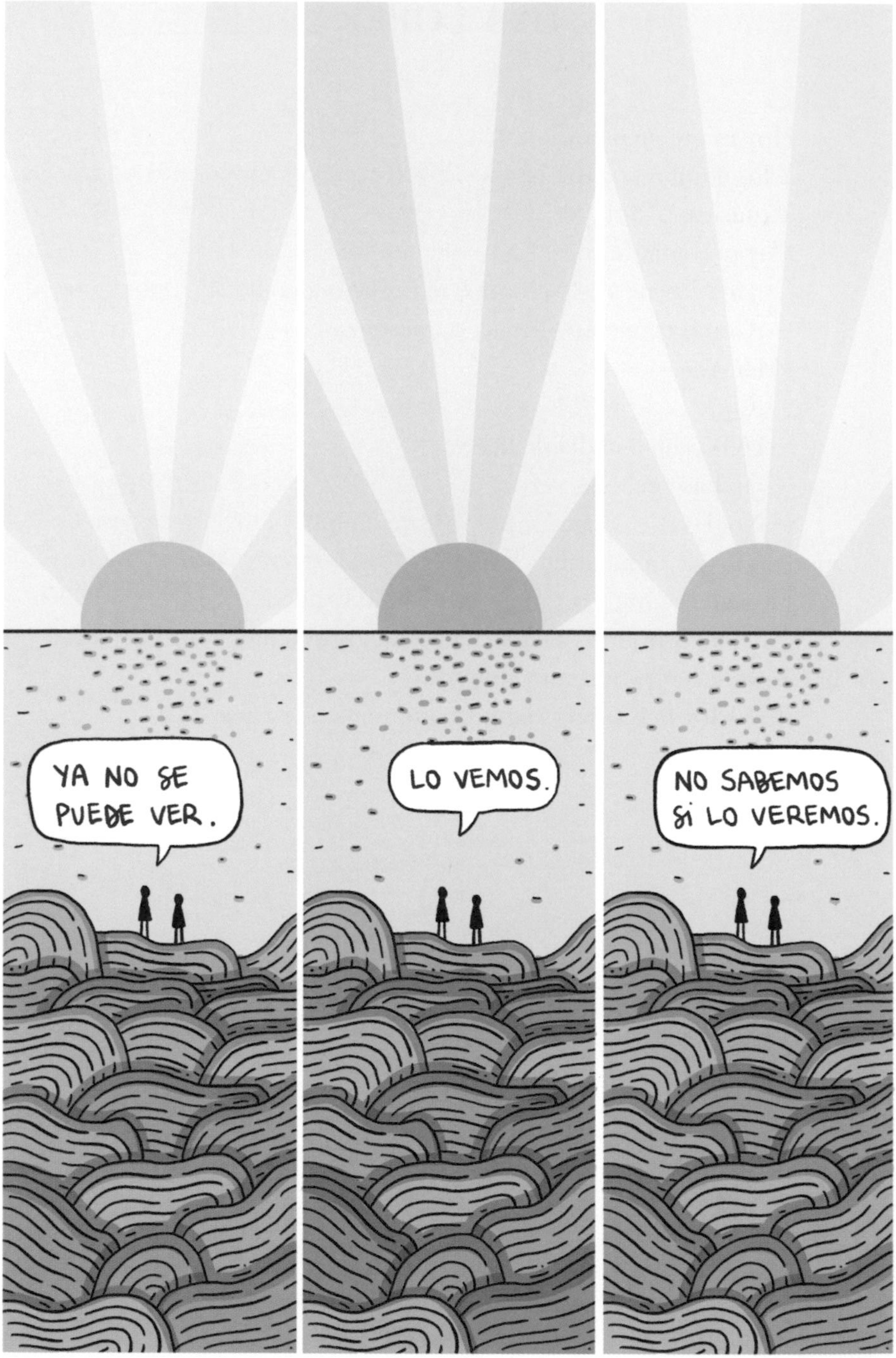
YA NO SE PUEDE VER.
LO VEMOS.
NO SABEMOS SI LO VEREMOS.

HOY LÓPEZ

Hoy es un buen nombre.

Y los nombres, si son buenos, no hay que ponérselos ni a tu grupo de música, ni a tu perfil de Instagram, ni a tu mascota.

Hay que adjudicárselos a tu hija o hijo.

Guardarlos en secreto hasta que llegue esa grandísima pregunta:

—¿Cómo te gustaría llamar a nuestra/o hija/o, cariño?

—HOY.

—¿Qué?

—HOY, como el día de hoy.

—¿Te has vuelto loco?

—No. HOY es el mejor nombre del mundo. Hoy nunca pasa de moda. Hoy se transforma cada día. Hoy se conoce. Hoy es universal. Hoy no es ninguna promesa. Es una realidad.

Igual no convences a nadie con estos argumentos y tus hijos acaban teniendo nombres muy bonitos.

Pero Hoy puede ser un gran nombre para una persona.

HACERSE MAYOR

¿IR O VOLVER?

El día en que cumples 45 años te dan a elegir entre seguir cumpliendo años hacia arriba o retroceder hasta los 0 años.

La gran mayoría escoge continuar con el proceso natural de la vida, hacerse mayor, ver los cambios que sufre el cuerpo, ir pasando estaciones del año y disfrutar de lo que viene y de lo que se ha cosechado. Pero de vez en cuando conocemos a personas que eligen el camino inverso: cumplir hacia atrás. 44, 43, 42, 41...

Por lo que hemos podido leer es una travesía muy especial. Vuelves a encontrar esa agilidad que dabas por perdida, recuperas una energía que te sirve para hacer muchas más cosas en mucho menos tiempo. Pero te vas quedando solo.

Hay casos que llegan a cruzarse con sus propios hijos en fiestas, incluso con sus nietos en las guarderías. Las parejas empiezan a distanciarse porque la edad no permite hacer una vida normal.

Ese deseo inicial de volver a ser joven choca de frente con la realidad. Un regalo que pierde su magia nada más abrirse. Un espejismo. Un viaje sin retorno a la normalidad.

¿Te gustaría descumplir años o te gustaría cumplir vida?

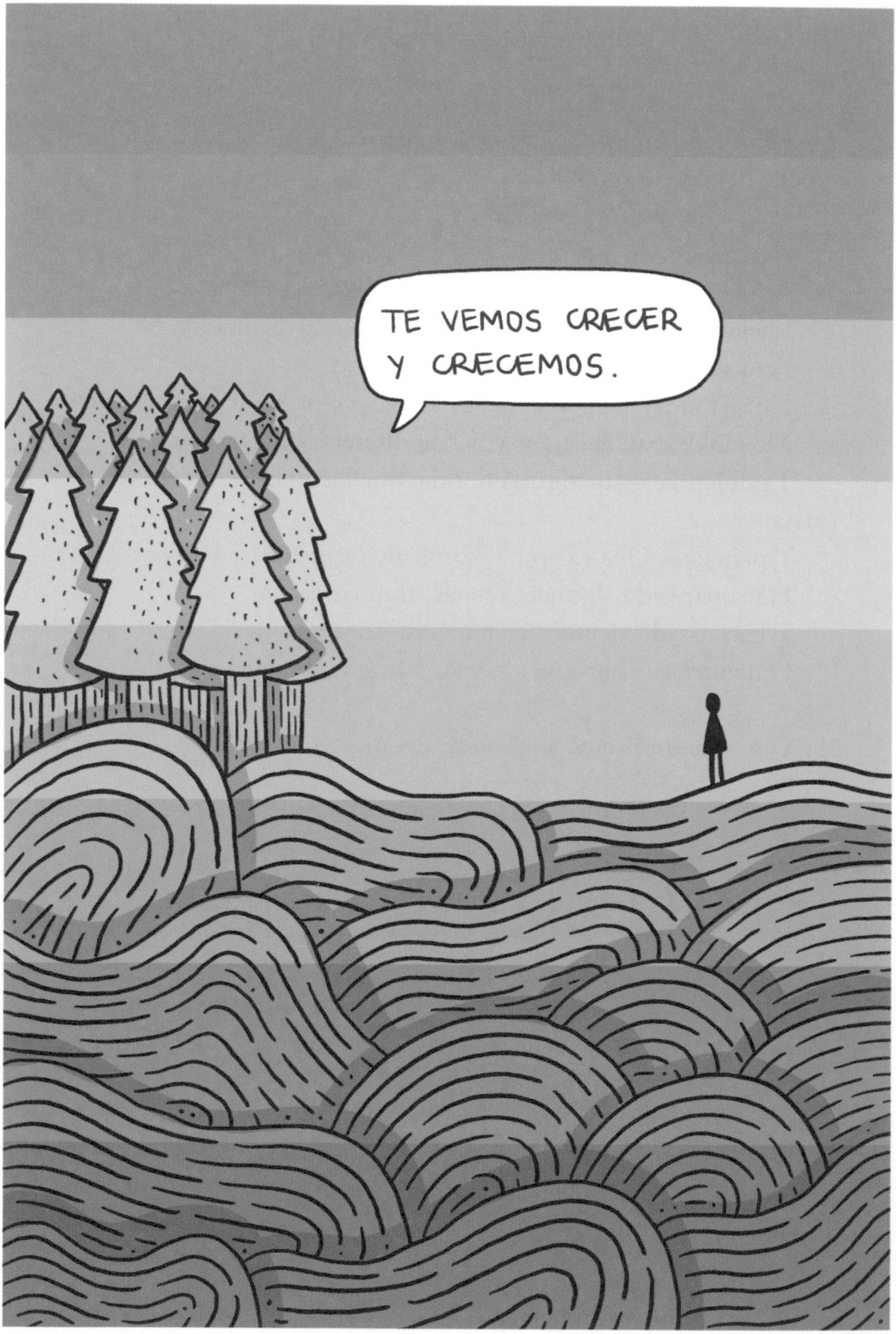
TE VEMOS CRECER Y CRECEMOS.

UN ESPEJO

Me he mirado en los espejos de los cuartos de baño de las casas en
las que he ido viviendo.
Y he ido viendo cambios.
He crecido, no mucho.
A mis brazos y tripa les han salido músculos.
Luego ha llegado una capa de grasa y los ha ocultado.
Pero se ha vuelto a ir.
He visto muchas gafas. De diferentes colores, estilos, tamaños.
Me moldeaban la cara y le daban diferentes personalidades.
También he visto alguna herida, que luego ha pasado a ser ci-
catriz.
Y peinados. Que ya no hay forma de recuperarlos.
Han aparecido algunas arrugas, algunas canas.
Y han pasado cientos de afeitados.
O dientes que han crecido y los han frotado muchos cepillos.

Pero esta sonrisa de aquí no ha desaparecido.
Se está haciendo mayor conmigo.

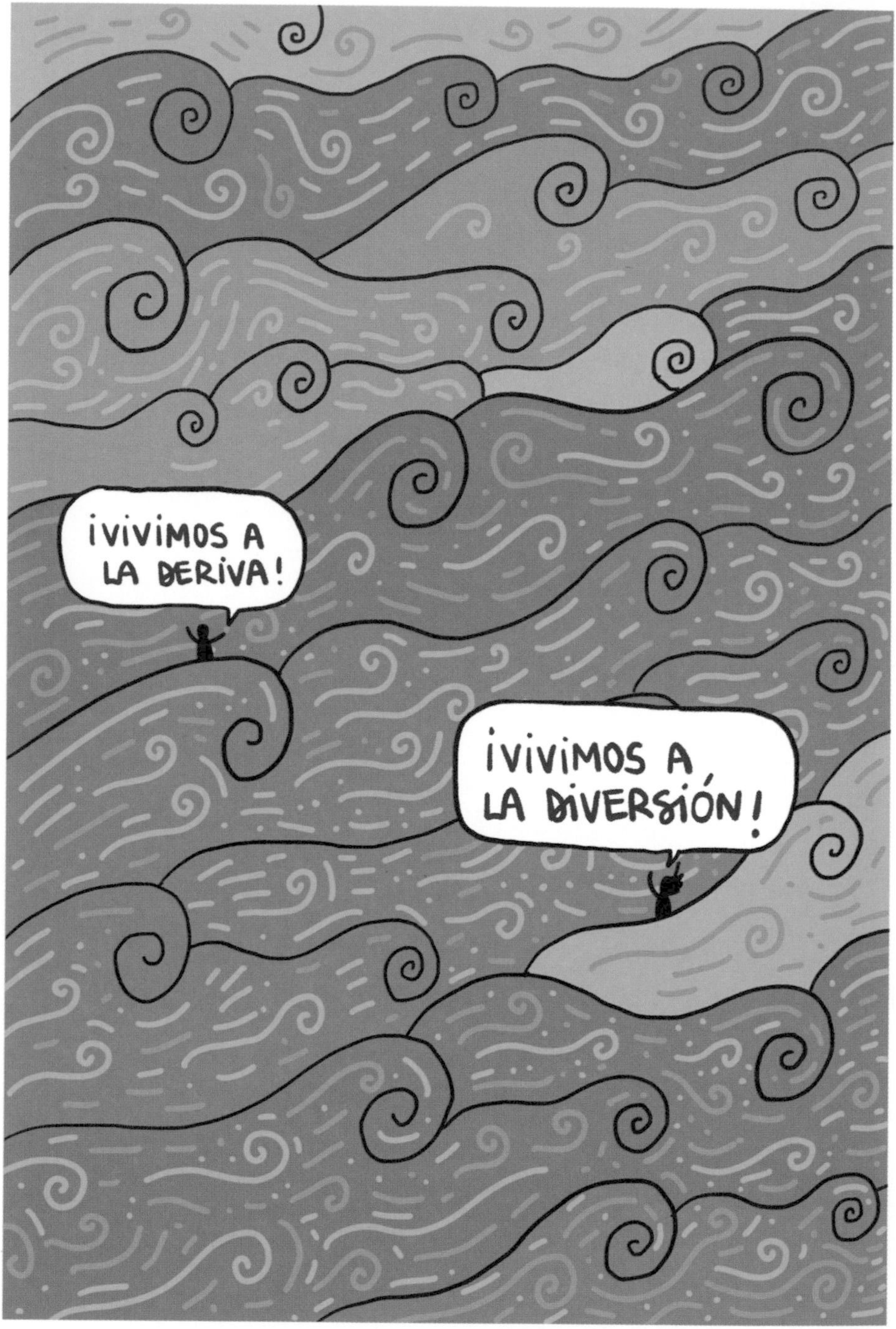
¡VIVIMOS A LA DERIVA!
¡VIVIMOS A LA DIVERSIÓN!

¿YA?

Llegas al final de un libro y te preguntas: «¿Ya? ¿Esto es todo? ¿Así me dejas?».

Pues sí, creo que esto funciona así. Las cosas terminan. Nos hacemos mayores sin darnos cuenta y, en la última página, zas, fin de la historia.

En los calendarios deberían poner una alerta cada mes advirtiendo de que el tiempo pasa rápido. Un gran CUIDADO al lado de los días 30 y 31 de cada página.

A vivir, querida persona que ha leído este libro.

Hagámonos mayores lentamente y con elegancia.

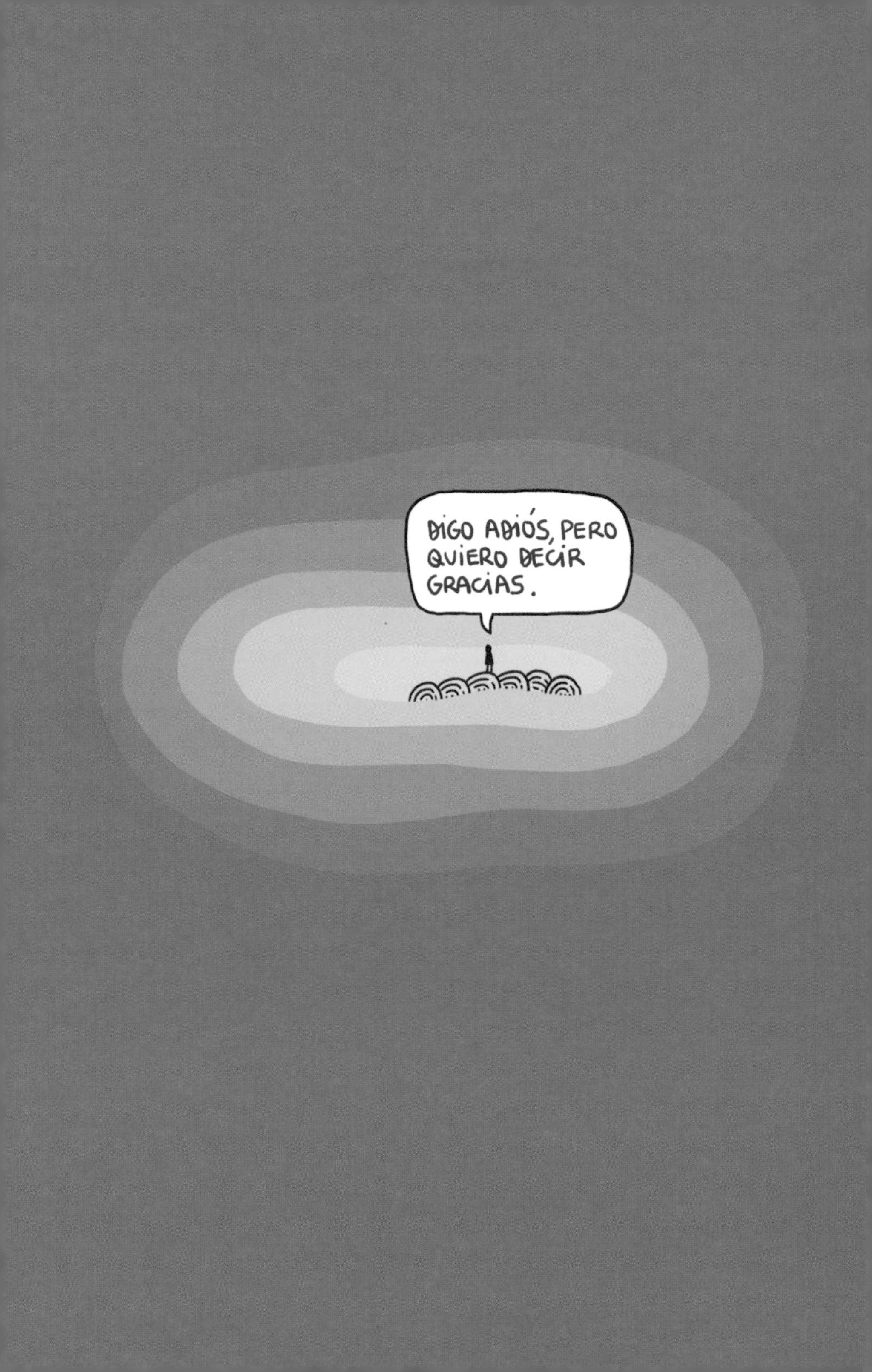
DIGO ADIÓS, PERO QUIERO DECIR GRACIAS.

ADIÓS

Me quedan por contar miles de cosas que importan. Todas no entraban en esta aventura: los libros, la música, el cine, la comida, Andrés Iniesta...

Espero poder seguir viviendo muchos años más para poder disfrutar todas las pequeñas maravillas que tengo alrededor.

Si alguna vez nos vemos, quizá podamos hablar de alguna que se me haya olvidado.

Muchas gracias por leer este libro, me hace muy feliz.

Es un honor tener este espacio para poder comunicarme.

También muchas gracias a mis padres, mis abuelos, mis suegros y mi hermano por los ánimos y algunas de las historias que aparecen aquí. Si tuviera un trillón de euros, inventaría una máquina del tiempo para vivirlas de nuevo.

Gracias a mi editor, Gonzalo Eltesch, por las oportunidades, por la comprensión y por hacer que todo funcione.

Y mil cuatrillones de gracias a Lucía, Telmo y Luca por dibujarme la mejor vida.

Sois las cosas que importan.

Verano de 2020
ÓSCAR ALONSO CASQUERO
72KILOS

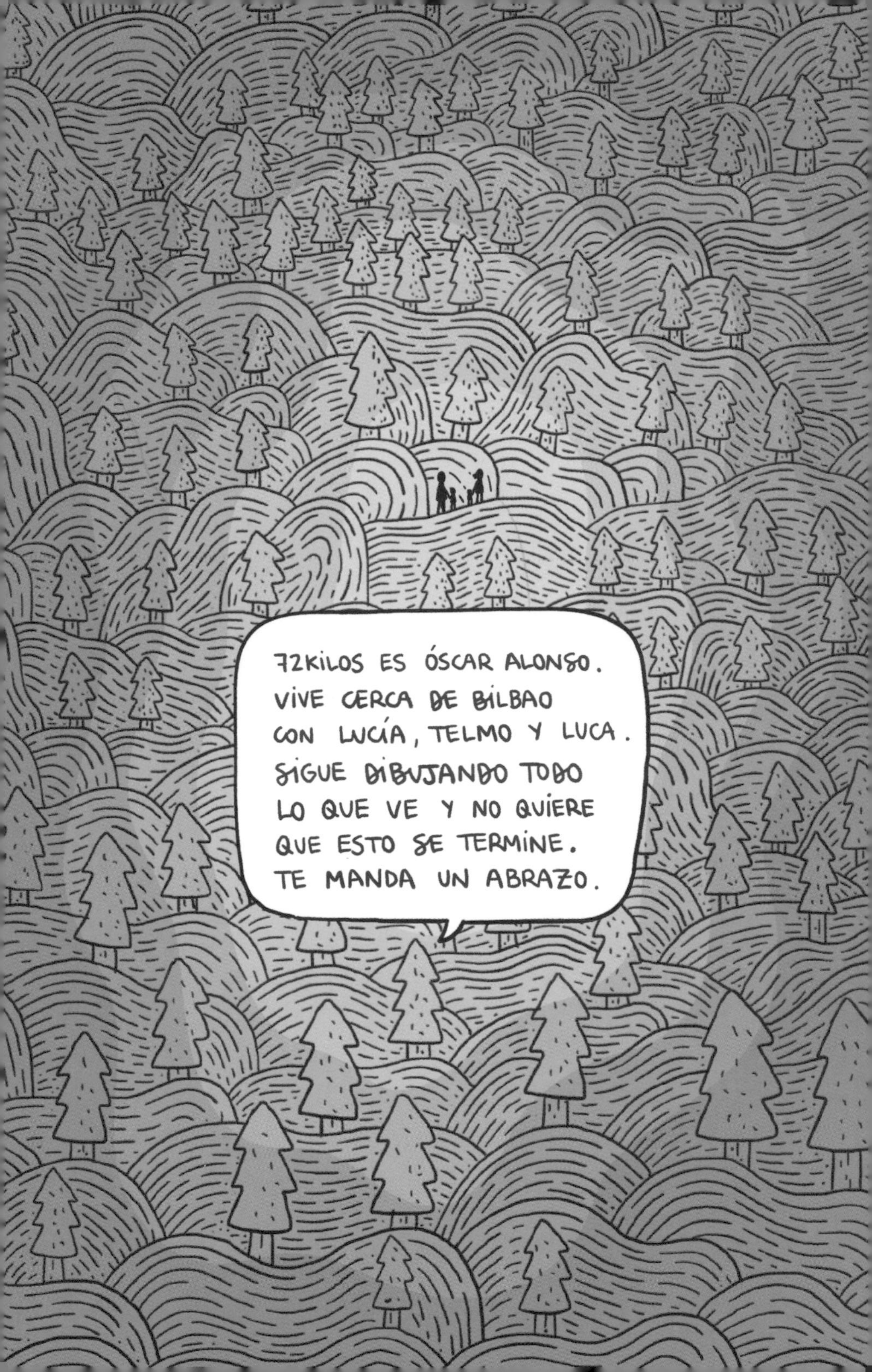
72KILOS ES ÓSCAR ALONSO.
VIVE CERCA DE BILBAO
CON LUCÍA, TELMO Y LUCA.
SIGUE DIBUJANDO TODO
LO QUE VE Y NO QUIERE
QUE ESTO SE TERMINE.
TE MANDA UN ABRAZO.

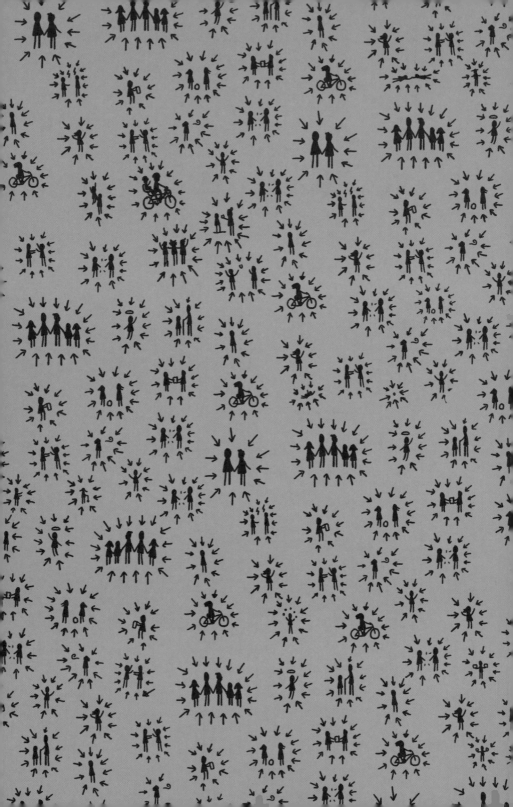